サプライチェーン契約

の基本と書式

長谷川俊明［編著］

前田智弥［著］

中央経済社

はしがき

　ふだん使っている国産乗用車を，2022年3月の車検の前に買い替えようと半年前に注文を出したにもかかわらず，納車は車検を2カ月過ぎていた。コロナ禍で海外での工場操業停止，都市封鎖の影響で，半導体をはじめとする部品の供給不足が原因という。

　2022年2月24日に始まったウクライナ侵攻では，欧米諸国と協調した経済封鎖の結果，ロシアからのエネルギー資源の輸入が制限され，サプライチェーンによる供給を阻害した。

　ウクライナ侵攻で，世界の穀物倉庫といわれるウクライナの港から船で小麦などを輸出できなくなった。国連によると，世界で16億人が飢餓に苦しむことになるかもしれないという。世界規模での食糧サプライチェーンの混乱が生じた。

　この数年間に，「コロナ禍パンデミック」と「ロシアによるウクライナ侵攻」によって，グローバルな危機的状況がもたらされた。世界中で，人々の生存を支える食料，医薬品，エネルギー資源などのサプライチェーンが寸断され，大混乱に陥ったからである。

　国民の安全，安心や生活を支える重要物資のサプライチェーン確保は，いまや喫緊の課題になった。日本で2022年5月に成立した経済安全保障推進法（正式名称は，「経済政策を一体的に講ずることによる安全保障の確保の推進に関する法律」）が，「重要物資」の国内サプライチェーンの強化を目標の第一に掲げるのは，そのためである。

　資源に乏しい日本にとって，サプライチェーンの"内製化"は多くの品目においてハードルの高い課題である。だが，不幸か幸いかデジタルデータが，石油にも代わる経済活動上の資源として重視されるようになった。その活用がサプライチェーン強靱化の鍵を握る。

　問題は，どうすれば寸断されたサプライチェーンを強靱化しつつ修復できるかである。本書は，サプライチェーンを構成する供給契約や販売契約の内容を工夫することで，「強靱化」の課題に対処しようとする。

　具体的には，①SCM（サプライチェーン・マネジメント）の考え方に基づく，

モノのサプライチェーンのデータ・サプライチェーンによる裏打ち強化，および②「人権デューデリジェンス」の実施や「サイバーハイジーン」の向上を通じたサプライチェーンの強化をめざすことである。

これら２つの強化策の詳細については，本書の各該当箇所を参照してもらうのがよい。ただ，必要なのは，企業が保有するぼう大な量のデジタルデータを資源的に活用することである。

同データは，産業・技術データと個人データに大別できるが，いずれのデータについても，データ・サプライチェーン整備を，本来的サプライチェーンを支えるインフラシステムにすべきであろう。

なお，サプライチェーン・マネジメントについては，主に商学や経済学の研究者によってマーケティングによる流通チャネルの改善を含め，論じられてきた。そうした文献を読むうちに，ロジスティクスと流通のシステムに支えられたサプライチェーンの最適化，合理化こそが，その強靭化をもたらすと気づいた。

本書は，中央経済社から，法律実務書として出版してきた「基本と書式シリーズ」の第５弾である。同シリーズは，ひな型を含む契約書式と，そこに含まれる契約条項の逐条的解説を特長としている。

本書がテーマにしたサプライチェーン契約は，原材料の調達契約から流通のための販売契約にいたるまで，さまざまな種類の契約を含む。そのラインナップには，データ供給契約などが加わり，じつに多彩な顔ぶれになる。まさに，本「基本と書式」シリーズにもっともふさわしいテーマといってよいのではないかと自負している。

コロナ禍以降の危機対応を扱った，優れた文献・資料が出ている。本書は，法律実務書であり，経済安保リスクに対応し契約内容を見直す動きが広まるなか，サプライチェーン強靭化に向けた契約実務の参考にしてもらえるならば望外の幸せである。

シリーズの第１冊目から本書に至るまで，中央経済社の露本敦氏には，かわらぬご協力をいただいていることに，心より感謝申し上げたい。

2023年１月

長谷川　俊明

目　　次

はしがき

第1部

サプライチェーン契約の基礎知識

第1章　サプライチェーンをめぐる環境変化

1 サプライチェーンの意義

◆ サプライチェーンの定義

　　法律にサプライチェーンの定義は見当たらない。2022年5月に成立し公布になった経済安全保障推進法（正式名称は「経済施策を一体的に講ずることによる安全保障の確保の推進に関する法律」）を構成する4本柱の第1は，半導体，レアアース，医薬品など重要物資の供給網確保のための制度である。

　　同法はサプライチェーンを「供給網」としており，新聞や雑誌でも「サプライチェーン（供給網）」としてよく説明している。だが，実際には，物資などの供給取引が網の目のように縦横に張りめぐらされているわけではない。

　　むしろ，商学，経営学の研究者のいうように，複数の企業間の結びつきに着目した「供給の連鎖」ととらえたほうが当たっている。あるいは，端的に，商品が消費者の手に渡るまでの生産・流通プロセスであるとする説明も分かりやすい。

◆ サプライチェーン契約

　　サプライチェーンは，供給網というよりは供給の連鎖であるとの説明が，本書の立場からも，最も受け入れやすい。本書の目的は，サプライチェーンを成している供給取引の法的な基本論点につき解明し，その取引に使われるところの，主に契約書式につき，必要に応じ契約条項ごとに逐条的解説を加えることである。

　　その視点で，供給（契約）の連鎖を見ると，「鎖」は1本ではない。

当事者関係を簡略化して考えるならば，下図のような「鎖の束」が，生産段階と流通段階のそれぞれについて想定できる。

サプライチェーンの全体像

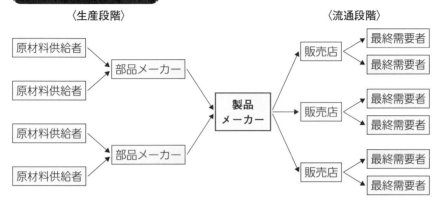

生産段階だけでも，自動車の場合など，何万もの部品から製造されるわけで，供給の鎖は，その数を超えてぼう大な数に上るであろう。

◆ サプライチェーン契約の特徴

本書の目的に沿って，サプライチェーン，すなわち供給の連鎖を成している契約の内容的特徴を考えてみる。上の図で示したとおり，サプライチェーンの契約は，大きく生産段階における契約と流通段階における契約とに分けることができる。

何万もの数の供給・調達のための契約の連鎖が，いったん製品メーカーで集約され一本化する。製品メーカーは，売買契約であれば，ここまでは買主サイドに属す。

供給の連鎖は，流通段階に入ると製品メーカーを起点とし，流通システムを通して最終需要者である消費者の手元に届くまでつづくとしたら，連鎖のチェーン数は不特定多数に上るかもしれない。流通段階において，製品メーカーは，売買契約であれば，売主サイドに属している。

サプライチェーンの多数の契約は，製品メーカーのところでいった

ん収束するが，その後より多くの数で拡散していく。供給対象物の流れでいうならば，前頁の図の左から右へと流れていく。

　サプライチェーンの供給の連鎖は，１本ずつのチェーンとして考えることができる。対象物移転の段階ごとに，契約内容の検討ポイントは異なりうる。また，調達する部品の種類が，自動車を例にとっても，ブレーキなのか半導体なのかによっても異なるであろう。

◆ サプライチェーン・マネジメント（SCM）との関係

　SCMとは，サプライチェーンにおける商品や物資の最適な供給を，計画し管理することと説明されている。

　SCMは，完成品メーカーの戦略に沿って，調達，生産，販売活動と在庫，輸配送活動を対象に行われる。契約の視点でいうと，在庫と輸配送の部分は，倉庫業者や運送会社に業務委託することが多い。

　SCMにおける重点は，時代とともに移ってきた。いわば，サプライサイドからディマンドサイドへの流れがある。

　一般的にいえば，商品を製造するのは，市場で売り捌くためである。販売業者は市場における消費者ニーズを敏感につかみ，絶えずその情報を製品メーカーに提供し，その生産計画づくりに役立てなくてはならない。

　「消費者は王様である」は，いつの時代も変わらないようでいて，近時は，消費者が何を望み，何に拒否反応を示すかにつき大きな変化がある。

　１つには，サプライチェーンのプロセスにおける人権侵害があった場合の拒否反応である。90年代に起きたスウェットショップ事件では，ナイキのインドネシアにおける下請け工場で搾取や児童労働が行われていたことが報道され，多くの消費者の反発を買った。

　２つには，気候変動に対応し，SDGsの12番目のGoalである「つくる責任，つかう責任」を果たそうとする企業の製品を消費者が選択しはじめたことである。たとえば，アメリカのアップル社は，20年７月，「2030年までにサプライチェーン全体の二酸化炭素排出をネットでゼ

ロにする」と発表して世界を驚かせた。

　流通段階のサプライチェーンの主役は，何といっても消費者であるが，製造者との間を仲介する立場の販売店など流通業者は，こうした市場や消費者の動向，変化に絶えず気を配り，不断に情報を完成品メーカーに報告しなくてはならない。これを契約上の義務として販売店契約中に定めることをよく行う（206頁以下参照）。

　流通・販売段階のSCMは，データマーケティングに代表されるように消費者のニーズを，データ化し，それを広告に使うことがある。その場合，消費者の個人データを収集，分析，加工して利用するわけで，データガバナンスがとくに求められる（118頁以下参照）。

　なお，公正取引委員会は，SCMを採用した受発注の実施に，下請法の違反のおそれはないかについての，親事業者からの事前相談に回答する文書「サプライチェーン・マネジメントに関する考え方」（平成15年3月31日付）を公表した。

　同文書は，親事業者がSCMを採用する場合には，下請事業者と十分協議の上で行う必要があるとしている。同協議にあたり，具体的にどのような書面作成などが求められるかについての詳細は，154頁以下を参照してほしい。

2 サプライチェーンの強靱化

◆ サプライチェーンの強靱化はなぜ必要か

　社会が存続しつづけるために欠かせない重要物資の多くを，日本は輸入に頼ってきた。

　2020年春以降，日本を襲った2つのグローバル危機，すなわちコロナ禍パンデミックとロシアによるウクライナ侵攻は，物資の輸入を中心とした主要なサプライチェーンの寸断を招いた。マスクや医薬品などに加え，小麦などの食料品，石油や天然ガスなどのエネルギー資源においてである。

　いまとくに問題とされる経済安全保障上の危機対応としてのサプライチェーンの修復，強化は，これらの輸入を中心に論じられてきた。

　グローバルな危機が発生するたびに重要物資の供給が途絶えてしまうのでは，到底，安全で安心な国民生活は確保できない。危機的状況下でも寸断されにくい強靱なサプライチェーンの構築が求められるようになるのはこのためである。

　とくに海外からの原材料の調達に過度に依存する体質を変えていくところから，日本のサプライチェーンの強靱化は着手しなくてはならない。そのためには，サプライチェーン全体を，いわば「内製化」していくことである。すなわち，調達段階から国内のサプライヤーからの購入契約にしていくのがよい。

　しかしながら，天然資源に乏しい日本の場合，こうした内製化には限界がある。後述する「シームレス法務」を展開するなど，契約実務のなかで強靱化を実現すべきというのが，本書の立場である。

◆ サプライチェーンの寸断はなぜ起こったか

　サプライチェーンの修復，強靭化の具体的方策を考えるには，その寸断や毀損を招いた原因を知る必要がある。

　日本経済の生命線ともいえるサプライチェーンは，これまで大きな危機的状況が発生するたびに寸断され，その修復が課題となった。2011年3月11日に発生した東日本大震災および同年8月以降にタイで起こった大洪水は，日本企業のグローバルサプライチェーンを直撃した。

　2020年3月から日本に"上陸"した新型コロナウイルス禍，および2022年2月24日にはじまったロシアによるウクライナ侵攻は，半導体や石油といった重要物資の物流，供給を阻害した。

　こうした「危機」が，サプライチェーンの寸断をもたらした原因は，同じではない。2011年の2件は，地震・津波，洪水という自然災害がもとで，日本国内あるいはタイにおける現地企業の生産設備が破壊されるなどしたことによる。

　コロナ禍は，これも自然災害ではあるが，世界中に感染が拡大したことで，パンデミックとなって日本のグローバルサプライチェーンにおける，原材料や部品の供給を一部ストップさせるなどした。

　ロシアのウクライナ侵攻のもたらした「危機」は，人為的な「戦争」行為がもとになって，エネルギー資源のロシアからの供給の制約を生じさせ，ウクライナにおける小麦など穀物の生産，輸出，食糧のサプライチェーンが広範囲に機能しなくなった。また，ロシアに対する欧米諸国とともに行った経済制裁の一環で，石油などの輸入制限に踏み切ったことで，重要資源のサプライチェーンが，一部寸断される結果になった。

　これらの事象から，サプライチェーンの寸断は，自然災害を原因とする場合と人為的な戦争や法規制などを原因とする場合とに大別できる。

　ただ，自然災害がもとといえるコロナ禍は，都市封鎖や輸出入規制などをもたらしており，人為的な複数の原因が重なってサプライ

チェーンの寸断を招くことがわかる。

　重要なのは，サプライチェーンの寸断を招いた原因を分析し，企業としては，事業継続計画（BCP）を実行するなかで，サプライチェーンの見直しと強靱化を図ることである。

◆ サプライチェーン強靱化のための具体策

　サプライチェーンの強靱化の具体策は，以下の3つの段階ごとに検討するのがよいであろう。

第1フェーズ		第2フェーズ		第3フェーズ
調達・購入	⟹	生産・製造	⟹	流通・販売

　第1フェーズの「調達」で，強靱化に向けて最も重要なのは，調達先（サプライヤー）の多様化である。他方で調達元の製造者としては，調達対象の原材料や部品の在庫の最適化をはからなくてはならない。

　第2フェーズの「生産・製造」においては，自社（グループ）での生産と外部への製造委託（アウトソーシング）との適正バランスが最も重視されなくてはならない。

　第3フェーズの「流通」において重要なのは，完成品在庫の最適化と流通システムの高度化されたロジスティクスである。

　このフェーズではとくに，データの活用とデータ・サプライチェーンのインフラ整備が強靱化のキーポイントになる。

　「強靱化」のためには，これら3つのフェーズごとに，さらに具体的に，方針を検討していく必要がある。また，その方策は，対象となる物資によっても異ならざるをえない。

　本書では，サプライチェーンにバリューチェーンの考え方を加味し，さらにデータやサービスまで対象に加え，サプライチェーンの「多様化」によって強靱化を追求する。

　そこで，サプライチェーンをつなぐ調達契約，販売契約のデータ取引の条項など，本書第2部以下では，「強靱化」策を，契約内容にどう生かすかを検討していく。

◆ データ取引によるサプライチェーンの「強靭化」

　急務となった重要物資のサプライチェーン強靭化は，データ・サプライチェーンによる"裏打ち"なくしては成り立たない。データ取引によるサプライチェーンの強靭化を語る場合，2つの視点があることに注意をしなくてはならない。

　第1には，データそのものが事業活動に不可欠の資源として，取得，加工，移転など，一連の連鎖的取引の対象にする視点である。第2には，データ以外の物資やサービスのサプライチェーンの役割を，とくにインフラ的に支えるデータサプライチェーン活用の視点である。同サプライチェーンのさらにインフラになるのが，クラウドサービスである。

　2022年5月11日に成立した経済安全保障推進法が安定供給の対象にする「特定重要物資」の内訳は，同年12月の政令が定めたが，半導体，レアアース，医薬品，クラウドプログラムなどが入った。

　半導体や希少天然資源が入るのはすぐ納得できるが，注目すべきはクラウドプログラムが入る点である。政令は，「物資」を列挙するなか，「クラウドプログラム」を挙げるが，実質的にはクラウドサービスを対象としている。いまは，グローバルにデータがさかんに流通する。このデジタル経済の重要なインフラが，クラウドサービスである。データを取得し，加工・分析し，移転・流通させていくプロセスであるデータサプライチェーンは，実際上，クラウドサービスの下支えがなければ成り立たない。

　2022年2月，欧州委員会が公表したデータ法案は，競合するクラウドサービスへの乗り換え（スイッチング）を妨げる行為を禁じる内容を盛り込んだことで注目を集めた。

　クラウドサービスは，グローバルに提供され，利用者の数が増えるほど利用料金は下がりサービスの質は上がる。そのため，世界的なIT大手による寡占状態が生まれやすく，欧州主要国は，クラウドサービスの「囲い込み」に対し規制をしようとしている。

　日本も同様の規制をもくろんでおり，公正取引委員会が実態調査を

踏まえて対応を検討する方針と伝えられる。その一方で，経済安保法の「特定重要物資」中にクラウドサービスを入れ，国内のクラウドサービス提供事業者を支援して，国内のデータ・サプライチェーンの強化をはかろうとしているとみられる。

2022年6月下旬には，公正取引委員会が，企業向けクラウドサービスを運営するIT大手に対し，顧客の囲い込みを避けるよう求める報告書をまとめ，公表した。

報告書は，顧客が自社から他社のサービスに移る際に，高額なデータ転送料を設定するなどの行為には，独占禁止法上の問題があるとしている。IT大手の寡占状態がつづくなか，競争確保のねらいがあるとみられる。

公正取引委員会は，国内外のクラウド事業者25社などに対し，アンケート調査を実施しており，約1600社から回答を得たという。回答の1割超が「解約時などにデータの取り出し料がかかる」としており，同委員会は，データ転送料は可能な限り引き下げることが競争政策上，好ましいとの考えを示している。

また，支配的な立場のクラウド事業者が，サービスの値上げなど取引条件を一方的に変えて利用者に不利益を与えるのは，独占禁止法上問題があると指摘している。

◆ クラウドの法的リスク

一方，2022年6月中旬には，日本政府が安全保障など機密情報を扱うシステムで外資系企業への依存が進まないようにする方針を固めたとの報道がなされた。

すなわち，システムを支えるクラウドサービスの契約について，外資企業が単独で参入できない仕組みにし，国内IT企業と連携して参画するよう促して，経済安全保障に関わる国内産業の育成につなげるという。

政府は，2022年中にも政府のシステムに使うクラウドに関する契約要件を公表し，事業者を公募する予定でいた。同契約要件は，民間事

業者のシステムでクラウドサービスを利用する場合の契約づくりにも参考にできるであろう。

　一般的なウェブサービスに使うクラウドは2022年時点で，アメリカのIT大手など3社が世界で6割超のシェアを占めている。これら外国産業が提供するクラウドサービスを利用する場合，日本国外におかれたサーバーにデータが集中的に保管され，安全保障上の有事的状況下で，機密データを外国で差し押さえられるリスクが，かねてより指摘されていた。

　クラウド（cloud）のもとの意味は「雲」である。雲のようにつかみどころがないといってしまえば身も蓋もないが，クラウドにはつかみどころのないリスクが含まれている。クラウド利用のメリットは，これがサーバーなどを共有化しネットワークを通じ要求に応じて適宜利用できるようにするシステムである点にある。

　そこで，共有化したサーバーなどを収めたデータセンターが日本国外に所在する場合，その所在国の法律が適用されるリスクが生じる。

　具体的には，アメリカの通称，パトリオット（愛国者）法に基づくデータの押収などが最も大きな法的リスクになりえる。2001年10月，同時多発テロの直後に成立した同法は，「テロリズムを傍受，阻害するために求められる適切な道具を提供することによってアメリカを団結させ強くする2001年法」が正式名称である。

　テロ対策としてつくられた法律なので，テロリズムに関連して通信傍受する権限や，一定の場合には裁判所の命令なしに電子メールやボイスメールを押さえ，令状なしにデータセンターなどを家宅捜索できる権限を規定している。クラウドの場合，1つのデータセンターのサーバー機器に多数の会社のデータがまとまって保存されており，自社のデータも含めて「一網打尽」的に押さえられかねない。

　EUの一般データ保護規則（GDPR）の法的リスクも忘れるわけにはいかない。GDPRは，EU域外に個人データを移転する場合，移転先の国や地域が同指令の要求する個人データ保護の水準を有すべきとする。

したがってEU域内の国にデータセンターがあるときは，そこから日本へ個人データなどを移転できなくなるおそれがある。

　問題はアメリカやEUだけではない。より「情報統制」が厳しい中国なども対象に，地域ハブも活用したハブ法務によって，クラウドによる法的リスクを国や地域ごとに洗い出し検討しておくのがよい。

　経済安保法が内容的に第1の柱に掲げる「特定重要物資」は，モノの流通促進だけを目的とするのではなく，サービスも，間接的には情報材としてのデータも対象に行われようとしている。それだけでなく，重要物資を安定的に調達しようとするならば，原材料の調達から生産・在庫・販売まで，物流を効率的に行う管理システムとして，ロジスティクスが必要になる。

　同システムは，高度化すればするほど，コンピューターネットワークやクラウドサービスを活用する。単純なモノづくりでも，たとえば，製造に必要なノウハウのデジタルデータが，最終製品のメーカーから，モノのサプライチェーンとは逆ルートで，原材料メーカーに流れていく。強靭なモノのサプライチェーンは，データ・サプライチェーンが支えている。

　2021年5月，アメリカの石油パイプラインの最大手企業がランサムウェアによるサイバー攻撃を受けた。この攻撃で，パイプラインは，約1週間稼働を停止し，米国では安全保障上の重大事故とされた。

　サプライチェーンの寸断が発生したのだが，パイプラインがミサイル攻撃で破壊されたわけではない。パイプラインの石油供給システムが正常に働かなくなるなどして，サプライ（供給）が止まったのである。

　さらに，モノのサプライチェーンの"終点"をユーザーや消費者とし，製品を販売網に乗せて流通させ，販売するプロセスのなかで，データマーケティングを行ったりする。ここでも，データのサプライチェーンがモノのサプライチェーンを支えている。

◆ サプライチェーン・ロジスティクスによる「強靭化」

　　経済安全保障推進法が2022年5月18日に公布され，にわかに「重要物資」のサプライチェーンの強化が，国家的課題に浮かび上がった。サプライチェーンは，供給網ということが多いが，供給ラインが，網の目のように縦横に広がるわけではない。

　　むしろ，モノづくりで当事者関係を単純化すれば，供給元から原材料の供給が部品メーカーになされ，つくられた部品が完成品メーカーに供給される取引の連鎖である。この連鎖は一本のチェーンだけとは限らない。部品メーカーは，複数の企業から原材料を調達し，完成品メーカーはいくつものメーカーから，異なる部品を調達するのがふつうである。

サプライチェーン強靭化のポイント

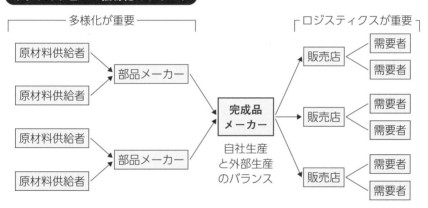

　　ここまでで，製造過程でのサプライチェーンはひとまず完結する。ただ，製品が完成品メーカーから販売店を経て，最終的に消費者の手にわたるまでの販売・流通過程でのサプライチェーン強化の鍵を握るのが，ロジスティクスである。

　　ロジスティクス（logistics）は，もともと軍事用語である。軍隊のため，戦場の後方にあって，軍事品や食料などの供給，補充，輸送にあたることを任務とする。サプライチェーンにおけるロジスティクスは，製品や商品を，顧客の要求に合わせて提供するにあたり，供給者

（サプライヤー）から需要者（顧客）までの商流・商取引流通と物的流通を，効率的に計画し実施することである。

　ロジスティクスの考え方が登場したのは，1980年代半ばである。物流拠点の配置やマーケティングに知恵を絞り，物流を経営戦略の重要な要素と位置づけようとする。その際，生産から販売まで各フェーズの情報を総合的に活用できるかがキーポイントになる。

　情報活用のためにコンピューターを利用し，戦略的情報システム（SIS）を使いはじめた時期を経て，1990年代後半には，サプライチェーン・マネジメント（SCM）が登場した。SCMとの違いは何かといえば，ロジスティクスの場合，物流を成す配送，包装，荷役，在庫管理といった各機能を統合し，企業として最適化をはかる。一方，SCMは，一企業としてではなく，流通に携わる各企業を一体化させ，製造から販売に関わる企業による流通プロセス全体を効率化しようとする。

　これら企業間の取引は契約である。契約書やこれに付随した発注書などの書類が必要になり，企業間で標準化するために電子データ交換（EDI）を使うようになった。1980年代後半には，アメリカでEDIの標準化機構であるVICSが登場した。

　SCMでは，一企業による物流効率化ではなく，需要者（消費者）への商品供給に関係するすべての企業を流通で統合して効率化向上を図る。これを，サプライチェーン・ロジスティクスと呼ぶことがあり，サプライチェーンの強化には欠かせない。

◆ データの活用と一体となった書籍の流通システム

　2022年6月，出版3社と商社が開発した，データを活用した本の流通システム変革プランが新聞で紹介された（日本経済新聞2022年6月16日）。

　記事によれば，出版大手3社は，毎年発行する新刊4億冊分のデータなどを独自に分析し，精緻に本の需要を予測し，各書店の特性に応じた配本を自動算出して，配本，販売システムの合理化につなげる。

書籍の流通は，返品率の大きさなどの改善点が，かなり前から指摘されてきた。出版大手3社と商社は，デジタル技術で流通モデルの変革に向けて共同で新会社を設立し，2023年4月から，出版社，取次，書店のサプライチェーンに分散していたデータを一元化し，AIで需要を高度に分析して，1冊単位で発行部数や書店への配本数を算出するという。

こうしたデータを活用した書籍流通改革の試みも，データ・サプライチェーンがモノのサプライチェーンを強化する一例といえるであろう。

◆ 経済安全保障リスクに対応するための契約見直し

ある調査（22年10月実施）で，経済安全保障リスク対応で，契約を直近3年で見直したり，今後見直しを予定したりする企業が主要企業の4割近くに上ったことがわかった（2023年1月23日付日本経済新聞）。

記事によると，調査に回答した217社のうち20.3%（44社）が，何らかの契約見直しをしたとし，17.5%（38社）が「見直しを検討中か今後予定」としている。

見直しの具体的な内容で多かったのは，順に，「不可抗力条項に『経済制裁』を明記」，「日米欧の制裁リストに自社と相手の企業が含まれないことを表明保証」，「日米欧の制裁リストに含まれたことを解除事由とする」となっている。他に，M&Aなどの対象相手に軍事ビジネスと関与しないことを表明保証させる動きもあったという。

本書は，経済安全保障推進法の制定，施行を契機に，同法が第一の目標に掲げるサプライチェーンの強靭化を，サプライチェーンを構成する契約を通じて実現しようとの立場に立つ。

そのため，本書第2部（56頁以下）では，「強靭化」に直接影響する契約条項を，契約類型ごとに取り上げ，解説を加えている。そのなかに「保証条項」（85頁以下）や「不可抗力条項」（124頁以下）も対象に含めている。

3 経済安全保障推進法の制定とサプライチェーン

◆ 経済安全保障推進法の成立

　2022年3月17日,「経済政策を一体的に講ずることによる安全保障の確保の推進に関する法案」(略称は「経済安全保障推進法案」)が国会に提出され,同年5月11日に成立,同月18日に公布になった。本法案の趣旨は,政府の説明によれば,以下のとおりであった。

　　　国際情勢の複雑化,社会経済構造の変化に伴い,安全保障を確保するためには,経済活動に関して行われる国家及び国民の安全を害する行為を未然に防止する重要性が増大していることに鑑み,安全保障の確保に関する経済政策を総合的かつ効果的に推進するため,基本方針を策定するとともに,安全保障の確保に関する経済施策として,所要の制度を創設する。

　なぜいま経済安保が問題になり,立法まで必要になったのであろうか。立法に向けた準備は米中の対立が激化した頃から課題として浮上しはじめた。中国が経済面と軍事面の双方で力を示し,これに日米欧が足並みをそろえ連携して対応する必要が生じたことが背景にある。
　キーポイントは,軍事に転用できる技術の流出を防ぎ,半導体をはじめとする戦略物資を確保できるかどうかにある。いまは,グローバルにクロスボーダーで産業・技術データが往き来し,戦略物資も,とくに日本の場合,外国からの輸入に頼る品目がかなりの数に上る。
　そこで,アメリカやヨーロッパ諸国に比べ,法規制面で遅れている日本としては,対中国で連携する欧米諸国の法規制を参考に今回の法案づくりに乗り出したものである。

本案の国会審議は，2020年春からはじまった新型コロナウイルス感染拡大が未だ収束せず，さらに，ロシアによるウクライナ侵攻が続くなかで行われた。これらの要因によるサプライチェーンの寸断が，自動車メーカーの製造ラインを休止させる事態まで招いたなかでのことであった。

　法案は，第1章「基本方針の策定等」，第2章「重要物資の安定的な供給の確保に関する制度」，第3章「基幹インフラ役務の安定的な提供の確保に関する制度」，第4章「先端的な重要技術の開発支援に関する制度」，および第5章「特許出願の非公開に関する制度」から成る。

◆ 「重要物資」のサプライチェーン

　本法の最重要テーマは，本書との関連でも，重要物資の安定的供給の確保（第2章）である。法案提出時の政府の説明によれば，第2章の「趣旨」は，以下の3点に要約される。

- 国民の生存や，国民生活・経営に甚大な影響のある物資の安定供給の確保を図ることは重要。
- 重要な物資の安定供給確保を講じる制度を整備する必要。
- 政府は安定供給を確保すべき物資を指定。所管大臣は民間事業者が策定した供給確保のための計画を認定し支援措置を実施。民間への支援では対応が難しい場合には特別の対策を措置。

　「第2章」では，2022年12月に政令で指定された特定重要物資の安定供給の確保に関する制度構築をめざしている。そのために，同「安定供給確保に関する基本方針」の下で，安定供給確保取組方針の策定，民間事業者による供給確保計画の策定と支援措置の実施を定める。

　問題は，今後政令で指定される「特定重要物資」に何が含まれたかである。政府の「制度概要」資料には，以下のような定義的説明がある。

国民の生存に必要不可欠又は広く国民生活・経済活動が依拠して
　いる重要な物資で，当該物資又はその原材料等を外部に過度に依存
　し，又は依存するおそれがある場合において，外部の行為により国
　家及び国民の安全を損なう事態を未然に防止するため，安定供給の
　確保を図ることが特に必要と認められる物資

　対象物資には，半導体，レアアース（希土類）などの重要鉱物，蓄
電池，および医薬品が入り，関連産業に財政支援する一方で，原材料
の調達先や在庫を調査する。この対象品目は，アメリカが2021年6月
にまとめた「サプライチェーンに関する報告書」で重要と提言した4
分野に属する。
　ヨーロッパ諸国と足並みをそろえることが最も重要な点とされ，
2022年2月23日，EU・欧州委員会は，SCで人権や環境問題における
違反行為について，EU内の大企業に監視を義務づける法案を公表し
た。
　2022年2月24日，アメリカのバイデン政権は，戦略物資のSCを強
化するための戦略をまとめた報告書を作成した。ウクライナ情勢の緊
迫化も背景に，政府調達で国産品を優遇し，生産の国内回帰を促そう
としている。
　「特定重要物資等の安定供給確保のための取組に関する計画」は，
民間企業がサプライチェーンの強靭化に向けて行うPDCAサイクル
（Plan→Do→Check→Action）の第一ステップである。
　計画に「取組」内容として盛り込むべき項目としては，「生産基盤
の整備，供給源の多様化，備蓄，生産技術開発，代替物資開発等」が
掲げられている。これらは，サプライチェーン契約条項の内容にもな
らなくてはならない（43頁以下参照）。

◆「ウクライナ侵攻」で必要となった重要物資7品目

　2022年3月31日，経済産業大臣をトップとする「戦略物資・エネル
ギーサプライチェーン対策本部」の初会合が開かれ，経済産業省が，

ロシアのウクライナ侵攻によって調達難が懸念される重要物資7品目の安定供給策をまとめた。7品目とは，石油，LNG，石炭（発電），石炭（製鉄），半導体製造用ガス，パラジウム，および合金鉄である。

「産業のコメ」半導体を製造するのに必要なネオンやクリプトンといったガスは，製鉄所に酸素や窒素を供給する装置から生産できるとされることから，半導体業界の枠を超えた協力を促し，国産化を進めるとの対策が示された。

石油については，産油国への増産要請や省エネ設備の導入による使用量の提言を対策に掲げている。LNGについては，企業間の融通の枠組みづくりなどを打ち出し，それぞれ資源開発への支援を通じ，権益の追加確保をめざすとしている。

◆ 企業のサプライチェーン修復に影響を与える経済安保法の制定と施行

2022年5月18日に公布になった本法第1章（総則），第2章（特定重要物資の安定的な供給の確保に関する制度）および第4章（特定重要技術の開発支援に関する制度）については，2022年8月1日から施行になった。

本書のテーマに関係するのは，第2章である。2022年9月下旬，第2章および第4章について，有識者の意見も聴いて，それぞれ安定的供給確保基本方針，特定重要技術研究開発基本方針が定められた。その上で，第2章については特定重要物資の指定等を含む下位法令を順次定めて制度の運用を開始することになった。

なお，2022年11月16日，政府は，本法に基づく「特定重要物資」の候補以下11分野を有識者会議に示し了承された。

本法の施行は，とりわけサプライチェーン確保に関する部分につき，企業による原材料の調達契約などに直接的な影響がないかというと，そうとはいえない。

というのは，2020年以降，世界経済を襲ったコロナパンデミックとロシアによるウクライナ侵攻は，国民生活に直結する医薬品や天然エネルギー資源の輸入，調達を大きく制約することになったからである。

特定重要物資の11分野
抗菌性物質製剤
肥料
半導体
蓄電池
永久磁石
重要鉱物
工作機械・産業用ロボット
航空機の部品
クラウドプログラム
天然ガス
船舶の部品

　これら重要物資の調達に直接関わる企業は，国家的政策の下で法令に基づいてなされる輸入規制に従わざるをえない。

　直接関わりのない企業にとっても，本法の示すサプライチェーン強化策は，大きな世界的潮流のなかにあることをしっかり受け止めておくべきである。天然資源に乏しい日本では，とくに原材料の多くは，海外からの調達に頼らざるをえない実情がある。自由貿易の理想は理想としてめざすべきだとしても，国家安全保障を最優先にしつつ，保護主義に向かう国が多くなった。

　また，ロシアからの資源エネルギーの輸入や新疆ウイグル地区からの綿花調達などは，気候変動や人権問題を孕んでいることを見逃すわけにいかない。法令によって，禁止や制限される以前に，SDGsやESGの視点から，企業がこうした調達行動を自制すべきかどうか，高い見地からの経営判断が求められる。

◆ 政令による「特定重要物資」の指定の意義

　2022年12月20日，政府は「経済施策を一体的に講ずることによる安

全保障の確保の推進に関する法律施行令」を閣議決定した。本政令が
指定した特定重要物資は、抗菌性物質製剤、肥料、永久磁石、工作機
械・産業用ロボット、航空機の部品、半導体、蓄電池、クラウドプロ
グラム、天然ガス、重要鉱物並びに船舶関連機器の11物資である。

　閣議決定後、経済安全保障担当大臣が記者会見で強調したのが、本
政令の制定が「国民の生存や生活、経済活動を守るために重要な物資
のサプライチェーンの強靱化を進める第一歩」になる点である。

　経済安保法は、国民の生存に必要不可欠なまたは広く国民生活・経
済活動が依拠している重要な物資を特定重要物資として指定し、その
安定供給確保に取り組む民間事業者などの支援を通じて、特定重要物
資のサプライチェーン強靱化を図ることを狙う。

　政府は、本政令制定後、特定物資ごとに物資所管大臣が「安定供給
確保を図るための取組方針」を作成し、同方針に基づき物資の特性に
応じた安定供給確保のための取組を推奨していくことになる、として
いる。

　特定重要物資の安定供給確保を図るための具体策は、同「取組方
針」の内容を精査しないと定かにはなってこないが、本書のメイン
テーマである、契約実務を通じたサプライチェーンの強靱化実現との
関連で本政令の意義を考えてみよう。

　天然資源に乏しいこともあって、日本における重要物資の供給は、
多く海外に依存せざるをえない。そこで、国が指定する重要物資につ
いては、とくに国内生産での代替や備蓄、新たな供給元の確保を進め
なくてはならない、とするのが、経済安保法令のめざすところである。

　重要なのは、本政令の指定内容を見てもすぐ気づくが、グローバル
サプライチェーンにおける「中国依存からの脱却」の必要性である。
いわゆる中国リスクが高いとされる指定物資には、半導体、蓄電池、
永久磁石、レアアース、抗菌薬、肥料などがある。

　とりわけ半導体については、現在、最先端の半導体生産の9割は台
湾が占めていることから、「台湾有事」になれば、供給が途絶えるお
それが高い。このリスクの大きさとそれに対する"備え"を政令は間

接的にも示唆しているとみられる。

　これら中国リスクの高い特定重要物資の供給につき，国による「支援」が重要な役割を果たすのはいうまでもないところだが，サプライチェーンの強靭化に向けた契約づくりこそ，問題解決の決め手になる。

　具体的には，供給契約中における不可抗力条項に定める不可抗力事由に，有事による半導体の供給ストップが入らない可能性がある。当事者が予見すべき事態であったと解されうるからである。

◆ シームレスでクリーンなサプライチェーンをめざす

　サプライチェーンは，供給網と訳すが，通常は原料などのモノを供給するための連鎖であって，いくつもの"つなぎ目（seam）"から成る。日本の製造業の場合，この連鎖の多くがクロスボーダーでグローバルに広がる点に特徴がある。

　"つなぎ目"が多くなると，そのうちの1つでも何らかの理由で破壊されれば供給は途絶え，製造業の事業を継続できない事態を招いてしまう。また，サプライチェーンの"つなぎ目"は，サイバー攻撃で狙われるターゲットにされやすい（130頁以下参照）。

　サプライチェーンは，"つなぎ目"の部分にこれらの大きな弱点を抱えるため，レジリエント化のためには，"つなぎ目"をなくす，すなわちシームレスなサプライチェーンにつくり変える必要がある。

　といっても，実際に眼に見える鎖のシームレス化をしようというのではない。サプライチェーンを形づくっているのは，モノ，データ，サービスの供給・調達契約のつながりであるから，各契約の内容を，国際取引であるか国内取引であるかを問わず，できるだけ共通化，平準化することをシームレス化と呼んでいる。

　グローバルサプライチェーンを念頭に置くと，コロナ禍のいま，チェーンの切断・解消の要因になるのは，輸出入規制や都市封鎖といった法規制要素であることがわかる。

　また，原料製造の工場で強制労働が行われるなどの人権問題があると，そうした"法的瑕疵"を理由に，最終製品の納入先との取引を解

消されたり，NGOによるグローバルな不買運動の標的にされたりするリスクにとらわれかねない。

　連鎖的につながっている個々の供給契約・調達契約において，人権デューデリジェンスを「売主・供給者」に約束させる表明・保証条項や誓約条項を入れるといった契約実務が求められる（後者の契約条項例については，69頁以下を参照）。

　結局，最終調達者になる企業の確立するサステナブルな経営方針に基づいて，ボーダーレスかつシームレスに行わなければ，レジリエントでサステナブルなサプライチェーンは築けない。

◆ シームレスでサステナブルなサプライチェーンの阻害要因

　日本企業，なかでも製造業によるサプライチェーンの典型は，東アジアを中心とする諸外国・地域から原材料を輸入し日本で製品に組み立てたり，つくるというものである。原料から海外現地でつくった部品や半製品を輸入し完成品にするパターンもある。

　新型コロナウイルスの感染拡大によって，海外の原材料工場が操業できなくなる，あるいは，その輸出入が規制され原料を入手不能になるなどが起こり，原材料など供給の流れは一部止まってしまった。

　サプライチェーンのリスクは，"寸断リスク"だけではない。サプライチェーンに"瑕疵"があり，それがもとで，完成品メーカーがレピュテーションを下げ，消費者からの不買運動を受け，場合によって損害賠償請求を受けることもありえる。

　サプライチェーンに"瑕疵"があるとは，どのような場合であろうか。いまA新興国現地のB社が，ある原料を買い集め現地で精製するなどして，C社に売却しC社がその原料を使って部品を製造，これを日本の最終品メーカーD社に輸出したとしよう。

　原料が金（ゴールド）だったとする。スマートフォンにもごく少量の金が使われているので身近なはなしだが，B社が現地のA国で買い集めたのは，反政府勢力が暴力を用い住民から略奪した金だとすると，いわゆる紛争鉱物規制に抵触するおそれが生じてしまう。

紛争鉱物は，アフリカのコンゴ共和国とその周辺国における紛争地域で産出する金などの希少鉱物を指す。この地域では，武装グループが「史上最悪」とされる人権問題を発生させた。紛争鉱物のサプライチェーンに関わる企業が，武装グループの資金源にもなる鉱物の調達を規制する法律が当事者国以外でも制定された。

　よく知られているのは，2013年1月から適用開始になったアメリカの紛争鉱物規制であり，一定の紛争鉱物調達者に，サプライチェーンについての調査，報告，開示を義務づけている。

　OECD（経済協力開発機構）も，2010年11月，紛争鉱物の責任あるサプライチェーンのためのデューデリジェンスガイドラインを発表した。同ガイドラインは，その後改訂されているが，紛争鉱物サプライチェーンの関係者のSR（社会的責任）としてデューデリジェンス（D.D.）を要求している点がポイントである。

　同ガイドラインでは，デューデリジェンスの一般的な意味である「しかるべき注意・慎重さ」を超えて，紛争鉱物サプライチェーンに関する調査活動とそれを支える企業の体制などをとくに指している。

　この問題は紛争鉱物だけに生じるのではない。カリフォルニア州では2012年1月から，強制労働や人身取引への関与につき，サプライチェーンを通じて調査の上開示することを義務づける法律を施行している。イギリスでも，同様にサプライチェーンの透明化と開示を求める「現代奴隷法」（Modern Slavery Act）を2015年に制定した。

　これらの法律に違反しない"クリーンな"サプライチェーンをつくり上げること，およびそのためのデューデリジェンスが，いまグローバルに求められているのである。

4 SDGs, ESGの要求に応えたグローバルサプライチェーンの構築

◆ グローバルルールに基づいたサプライチェーンの再構築

　日本企業のグローバルなサプライチェーンは，コロナ禍パンデミックやロシアによるウクライナ侵攻によって，寸断を余儀なくされた。

　今後，グローバルサプライチェーンのレジリエント化を推し進めつつ，再構築していかなくてはならない。その際，最も求められるのは，グローバルに通用する行動指針に沿った，原材料などの調達活動である。

　その意味で，サプライチェーンのグローバルルールになりうるのが，国際連合のSDGs（Sustainable Development Goals「持続可能な開発目標」）である。

　SDGsは，国連が2015年に採択した「持続可能な開発のための2030アジェンダ」に含まれた，17のGoalsと169のTargetsから成る。Goals

1 貧困を なくそう	2 飢餓をゼロに	3 すべての人に 健康と福祉を
4 質の高い教育を みんなに	5 ジェンダー平等 を実現しよう	6 安全な水と トイレを 世界中に
7 エネルギーを みんなに　そして クリーンに	8 働きがいも 経済成長も	9 産業と技術革新 の基盤を つくろう
10 人や国の不平等 をなくそう	11 住み続けられる まちづくりを	12 つくる責任 つかう責任
13 気候変動に 具体的な対策を	14 海の豊かさを 守ろう	15 陸の豊かさも 守ろう
16 平和と公正を すべての人に	17 パートナー シップで目標を 達成しよう	

は，「貧困」から始まって，「気候変動」，「実施手段」まで，17に分かれている。その目標を達成するために個人や企業が具体的に何をすべきかは，各Goalの下でTargetsが示している。

そこで，サステナブルな法務，とりわけ契約実務の中身は，SDGsの下のTargetsにヒントを見出すべきである。契約は，条項から成るのが普通であるから，Targetsの趣旨に沿ったサステナブルな条項づくりを，当面の目標にすべきであろう。

◆ SDGsのGoal 12とサプライチェーン

SDGsの17あるGoalsのすべてが，直接サプライチェーンの契約実務に関わるわけではない。ただ，各ゴールのうち，「つくる責任，つかう責任」をうたうGoal 12は，その下のTargetsとあわせ，サプライチェーンの"健全化"を取り上げている。

SDGsのGoal 12は，「持続可能な生産消費形態を確保すること」を目標に掲げる。

その目標を達成するための具体的行動として，Target 12.3は，「2030年までに小売・消費レベルにおける世界全体の一人当たりの食料の廃棄を半減させ，収穫後損失などの生産・サプライチェーンにおける食品の損失を減少させる」ことを要求している。

ことは食品についてだけでなく，企業は，グローバルサプライチェーンを，海外拠点を含み，グループ全体で見直し，他のGoalsも考慮しつつ，たとえば原料の供給元メーカーにおいて，強制労働・児童労働などの人権侵害がないようにすべきである。

そのためには，原料などの供給契約中に供給元によるCSRの表明・保証条項を入れるなどが必要になる。

◆ サプライチェーンとバリューチェーンのクリーン化

企業が，とりわけSDGsの下での取り組みを考えるうえでは，サプライチェーンとバリューチェーンの双方を念頭に入れた対応が求められる。両者の違いを端的に，前者がモノのつながりであるのに対し，

後者は価値（バリュー）のつながりであると説明することがある。

その一方で、両者をほぼ同じ意味で使うことが少なくなく、製造業を中心に、グローバルバリューチェーンがバリューチェーンであるとする立場もある。事業活動はさまざまなつながりで成り立っている。そこでESGの視点から、川上と川下の両面におけるステークホルダーやパートナーを含めた"クリーン化"をはかるのがよい。

サプライチェーンは、下図のような、原材料から製品がつくられ、物流、販売ルートを通って消費者が購入するまでのいくつかの企業間の取引プロセスである。

これに対して、バリューチェーンの場合は、企業間の、取引というよりは、事業プロセスである。自社あるいは自社グループの中での事業プロセスとしてとらえる点に大きな違いがある。

そのため、自社（グループ）の事業活動を、製品やサービスが消費者に届くまでの流れと直接関係する主活動と、製品設計や技術開発、人事労務管理のような、主活動を支える支援活動とに分け、どの段階・工程で付加価値を出しているかを分析する考え方をとるので、下図のような流れをたどる。

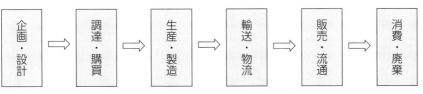

そのため、SDGsの各GoalとTargetsを、サプライチェーンやバリューチェーンのプロセスのなかで生かそうとするならば、自社（グループ）の事業プロセスにおいて考えることでできるバリューチェーンのほうがやりやすい。

たとえば、上記「支援活動」の一環である製品設計において、消費

者の「安全，安心」に配慮した内容にするために，Goal 3「あらゆる年齢の全ての人々の健康的な生活を確保し，福祉を促進する」のもとにおける，以下のTarget 3.8や3.9を取り込むことである。

3.8　すべての人々に対する財政保障，質の高い基礎的なヘルスケア・サービスへのアクセス，および安全で効果的，かつ質が高く安価な必須医薬品とワクチンのアクセス提供を含む，ユニバーサル・ヘルス・カバレッジ（UHC）を達成する。

3.9　2030年までに，有害化学物質，ならびに大気，水質および土壌の汚染による死亡および病気の件数を大幅に減少させる。

また，サプライヤーの管理体制の構築と支援として，Goal 2「飢餓を終わらせ，食料安全保障及び栄養改善を実現し，持続可能な農業を促進する」のもとにおけるTarget 2aやGoal 8「包摂的かつ持続可能な経済成長及び全ての人々の完全かつ生産的な雇用と働きがいのある人間らしい雇用（ディーセント・ワーク）を促進する」のもとでのTarget 8.3を意識した契約づくりが望まれる。

2.a　開発途上国，特に後発開発途上国における農業生産能力向上のために，国際協力の強化などを通じて，農村インフラ，農業研究・普及サービス，技術開発及び植物・家畜のジーン・バンクへの投資の拡大を図る。

8.3　生産活動や適切な雇用創出，起業，創造性及びイノベーションを支援する開発重視型の政策を促進するとともに，金融サービスへのアクセス改善などを通じて中小零細企業の設立や成長を奨励する。

◆ SDGsを事業活動に生かしている企業例

Goal 2のもとでのサプライヤーの支援につき，以下のような記載がある。

2.3　2030年までに，土地，その他の生産資源や，投入財，知識，金融サービス，市場及び高付加価値化や非農業雇用の機会への確実かつ平等なアクセスの確保などを通じて，女性，先住民，家族農家，牧畜民及び漁業者をはじめとする小規模食料生産者の農業生産性及び所得を倍増させる。

　内容が，食料生産者の支援に関係しているのは，Goal 2のもとでのTargetだからである。食品業界を中心にGoalとTargetをピックアップしたが，重要なのは，各企業がその属する業界や業態に応じて対応すべき課題をTargetの中から見い出し，事業活動と本書のテーマである契約実務に生かしていくことである。

　以下においては，ある老舗の菓子店（虎屋本舗）におけるSDGs活用事例を紹介する。同菓子店は，そのホームページなどによれば，広島県と岡山県に合計12の直営店を展開し，約400年の歴史がある。

　同社は，地元イベントへの協賛やインターンシップの受け入れ，地域における清掃など，いまではSDGsのもとで高く評価される，社会貢献活動に積極的に取り組んできた。なかでも，若手と熟練の菓子職人を瀬戸内の離島の学校や山間部の特別支援学級，高齢者福祉施設などに派遣し，地域の子どもや高齢者に教える「和菓子教室」や，高齢の同社技術者や地元生産者が，地域の子どもたちへワークショップや商品開発といった価値創造の場を提供する「瀬戸内和菓子キャラバン」の取り組みは注目されている。

　和菓子教室を通じて子どもたちに郷土文化や伝統技能を伝え，「瀬戸内和菓子キャラバン」では，地元の高校で「地域活性化・地域貢献」をテーマにした授業を行って，地元の名産品を使った新しい商品を開発，発売までにこぎつけている。

　こうした取り組みをSDGsと関連づけて発信することで地域の共感を呼び，注目されるようになった。地域の特産品を使った商品は，地域とのCSV，地域ブランディングにつながり，企業ブランディングの向上や新商品開発の活性化の事業メリットももたらした。

同社の取り組みは，地域社会に貢献することで，企業価値の向上を
期待できることを示している。これを図示するならば，以下のように
なるであろう。

伝統文化の継承
（和菓子教室,瀬戸内和菓子キャラバン）

地域との共生価値
（新たな地域コミュニティ）

和菓子を通じて
郷土文化の世代間継承と
地方ブランドを創生

多様性の活用
（高齢者,女性を積極的に雇用）

持続性をもった経済活動
（地域生産者,地域住民の経済発展）

新たな地域ブランド創生
（地域の子どもとのコラボレーション
で商品開発）

出所：同社HPより

　ポイントは，サプライチェーンのなかで，サプライヤーとの契約内
容にどうこれを取り込めるかである。

◆ ESGの視点に立ったバリューチェーンづくり

　近時，サプライチェーンにおける人権保障や環境保護の要求が高
まっているが，対象をバリューチェーンに広げ，ESG視点からのク
リーン化を推進，達成すべきと考える。

　バリューチェーン（value chain：「価値連鎖」）の語は，企業経営に
関してもともと使ってきた戦略概念である。企業活動を仕入れ・製
造・出荷・販売などの主要段階と付随する人的資源や全般管理などの
補助活動の連鎖ととらえ，消費者ニーズ満足のための価値の付加を各
段階が行うとする。

　サプライチェーンが，主として製品の製造過程に関して論じられて
いるのと比べ，バリューチェーンは，対象がより広いといえる。ESG

のS（social）の部分で，製品の原料供給者の工場で児童労働や強制労働が行われていたとして人権問題となるケースがある。この問題は，消費者の厳しい"監視の眼"を抜きに解決できない。

ESG（Environment, Social, Governance）の考え方が広まったのは，SDGsより早く，国連が責任投資原則（PRI）を発表した2006年からである。

両者の関係だが，ESGはSDGsの掲げる「目標」を達成する手段と考えればよい。

その点，ESGも，SDGsの目標を「投資」面で各論的に達成するための「手段」と考えられる。2006年に発表されたPRIは，投資の意思決定にESGの要素を組み込むことなどを求めている。PRIに基づき「ESG投資」を行う年金基金や資産運用会社は世界中で増加の一途をたどってきた。

ESGは，こうして金融機関などの投資行動を大きく変えた半面，投融資を受ける側の企業の行動も大きく変えた。気候変動や人権問題への対応を広く開示して，投資適格を備えることをアピールするようになったからである。

具体的には，投資家向けのIR（investor relations）に力を入れ，統合報告書を通じて，環境問題，社会的課題などの非財務情報の開示を充実させるようになった。

ESGが契約実務に最も大きく影響を与えたのは，ローン契約においてである。国際ローンアグリーメントは，ほとんどが諾成的に締結される。つまり契約締結時には，貸付約定（commitment）が取り交わされるだけで，貸付実行まで行われるわけではない。

貸付実行は，契約時に借手（borrower）側で行った表明・保証（representations and warranties）の内容が正しいことなどを先行条件（conditions precedent）として行われる。この表明事項中に，ESG要素が入るようになった。

欧米を中心に，投資家が投資先企業に環境問題対応を求めるケースが増えている。日本でも，あるメガバンクグループの2020年の株主総

会で環境団体が提案を出し，30%を超える支持を得て注目を集めた。

　製造業でも，部品供給先（サプライヤー）などで，児童労働が行われていないかについてデューデリジェンス調査を行い，開示することはめずらしくなくなった。

　「データの世紀」にあって，データ・サプライチェーンのクリーンさもアピールすべき対象として大きく浮上してきた。とりわけ個人データを大量にネット流出させてしまえば，プライバシー侵害の人権問題を引き起こしてしまうからでもある。

　1990年代に，ナイキのアジアにおける下請け工場で，児童労働や搾取が行われた事実が相次いでメディアで報じられた。当初，ナイキの担当役員や社員は，下請け業者がやったことで，ナイキには責任がないと述べた旨が伝わっている。

　しかし，その後，消費者から批判的な声が強まるようになり，会社は，一転，第三者機関によってサプライチェーン全体をチェックする体制に改めた。いまでは，ナイキといえば，NGOなどのサステナビリティ調査で上位に名を連ねる常連になった。

　最終消費者まで達する供給網全体の“クリーン化”を通じた「責任あるサプライチェーン」の考え方は，企業間で定着しつつある。それでも，サプライチェーンを，製品の製造を中心に考えている点に変わりはない。しかし，「データの世紀」を迎え，データが石油に代わる「資源」になったこれからは，データ・サプライチェーンのクリーン化を考える必要がある。

　対象のデータは，産業データと個人データに大別できる。前者は，サプライチェーンの拠点からサイバー攻撃などで大量にネット流出すると，国家の安全保障を脅かしかねない。後者は，情報管理の不備がもとで，同様に個人情報の大量ネット流出を招くならば，何億人ものプライバシー権を侵害しかねない。これまた人権問題である。

　いずれも，危機的な社会問題になりうる深刻な事態といわなくてはならない。その発生を予防し，危機にも対処するといった課題は，サプライチェーンにとどめていては乗り越えるのは難しい。

サイバー攻撃にも対応できるデジタル人材の確保やAIによるリスクの洗い出しなどを含め，企業はバリューチェーンの全体的な改善に取り組むべきと提唱しておきたいのはこのためである。

なお，chainを英和辞典で引くと「鎖」のほかに「絆（きずな）」の意味が載っている。物だけでない，人間の信頼に基づいた強固で価値のある「絆」を築けるかどうかが問われている。

◆ 企業が進めるサステナブルな調達例

⑴ サステナブルな調達とは

いま製造業を中心に，企業はサステナブル（持続可能）な調達をめざしている。これを実現するため，とくに調達契約の条項づくりの視点で参考にすべき「規格」が，国際標準化機構（ISO）から，2017年4月に出されている。

同規格は，サステナブルな調達に関する世界で最初の国際規格（ISO20400）である。2010年11月にISOが発行した社会的責任規格（ISO26000）をもとに，アカウンタビリティ（説明責任），透明性，人権尊重，倫理行動などにつき，サステナブルな調達に向けた企業の行動準則を示している。

⑵ ISO20400の下での「調達ガイドライン」例

サプライチェーンのネットワークの，いわばピラミッドの頂点に立つ巨大製造業は，"傘下の"サプライチェーン全体の指針となる「調達ガイドライン」を発表することが多くなってきた。

よく引き合いに出されるトヨタ自動車の場合でこれを見てみよう。同社は，ISO20400の発行に先駆け，2015年10月，トヨタ自動車として持続可能な社会を実現するために何をつくっていくべきかを示した「トヨタ環境チャレンジ2050」を発表した。

次いで2016年1月には，サプライヤーに向けて「TOYOTAグリーン調達ガイドライン」を改定し公表した。そこには，環境問題取組み拡充，製品・サービスのライフサイクル全体での環境負荷低減など，

サプライチェーン全体で環境マネジメントを強化すべき方針を示している。

　自動車製造の中核的役割を担うトヨタ車体株式会社の場合，トヨタグループ全体に向けた，「トヨタ環境チャレンジ2050」および「TOYOTAグリーン調達ガイドライン」を受け，「当社の具体的な取り組み内容とお客様に実施いただきたい項目」を，『トヨタ車体グループグリーン調達ガイドライン』に反映している（同ガイドライン「I　はじめに」より）。

　TOYOTAグリーン調達ガイドラインには，「改訂内容の概要」を，6項目にまとめており，最初に，サプライチェーン全体のマネジメントシステムの実施に向け，以下のサプライヤー向け「お願い」を収めている。

1．環境マネジメントシステムの構築《取組強化》
　サプライチェーン全体のマネジメントを実施するために，皆様のお取引先，並びにその先のお取引先様の環境マネジメントシステムの確認などをお願いします。また，環境マネジメントの推進の際には，ライフサイクル全体の考慮をお願いします。

第2章 日本におけるサプライチェーンの特徴と法的課題

1 日本企業のサプライチェーン

◆ 日本企業のサプライチェーンと"ジャスト・イン・タイム"システム

　　コロナ禍は，日本企業によるサプライチェーンの寸断を招き，その修復が大きな課題となった。ただ，コロナ禍が始まる前から変わらずに，サプライチェーンに求められてきたのは，「安全で安定した」サプライチェーンである。

　　日本企業の"Before Corona"におけるサプライチェーンは，「効率性を重視」しすぎたきらいがある。なかでも，日本企業の強みともされてきた"ジャスト・イン・タイム"システムはよく知られている。

　　just‐in‐timeは，ふつうの英和辞典が，経営分野の語として載せている。在庫（stock）を減らして生産を効率化する製造システムをいい，JITと略される，といった説明が一般的である。JITは，無駄を省き必要なものを必要なだけ必要に応じて使うことができ，効率性が高い点にメリットがある。

　　反面，コロナ禍パンデミックのような危機的状況下では弱点をさらすことになりかねない。JITでは，在庫をあまり持たないから，ある部品の供給がストップしたら，とたんに完成品の製造ラインの停止につながりかねないのである。

　　こうした事態に陥らないように日頃からどう備えておくべきかを考えてみよう。答えの多くは契約実務の中にある。サプライチェーンを形成する供給契約で，たとえば部品の供給者に，いざという場合に対

応できるだけの量の在庫を常時蓄えておくなどを義務づけるべきといった具合に，である。

　併せて部品メーカーとしても，部品製造のための原料を供給するメーカーに同様のことを契約中で義務づけるべきである。供給を受ける側でも，日頃から自社の部品在庫などを余分にそなえておくだけでなく，いざというときには供給者を交代させられる契約内容にしておく必要がある。

◆「系列取引」とサプライチェーン

　日本企業のサプライチェーンは，国内における「企業系列」と無縁ではなく，典型的には，最終製品である自転車などのメーカーが，部品メーカーとの系列取引によって企業集団を形成することが多い。

　系列取引のメリットは，株主の相互保有（持ち合い）や役員派遣などを手段として，強固で安定的な取引関係を築きやすい点にある。反面，デメリットとしては，最終品メーカーが，いわばピラミッドの頂点に"君臨"し，系列下の企業に不利な取引条件を押し付けがちになる点にある。

2 独占禁止法・下請法による規制

◆ サプライチェーンにおける優越的地位の濫用

図式化すると，日本企業のサプライチェーンは，富士山の裾野のように，何百という部品メーカーや原料メーカーによる供給網を広げている。しかも，重要な部品供給者との間は，コンピューターネットワークで結ばれている。

サプライチェーンによるこうした"強い絆"が，強みから一転して弱みに変わることがある。後述するところの，サプライチェーンの"拠点"を狙うサイバー攻撃が相次ぐようになったからである（130頁以下参照）。

また，最終製品メーカーによる強固なネットワークづくりが，いわば仇（あだ）となり，法令違反をひき起こしてしまう。典型的には，独占禁止法（私的独占の禁止及び公正取引の確保に関する法律）が禁止する不公正な取引方法のひとつ「優越的地位の濫用」に当たる場合である。

2022年4月中旬，店舗の閉鎖に伴い納入業者に不当に在庫の返品を求めた疑いで，公正取引委員会がドラッグストアのD社に，立ち入り検査に入った。D社では，コロナ禍で訪日客の減少などで店舗の閉店が相次いだことから，抱えていた医薬品や日用品などの在庫を買い取るよう納入業者に返品の要請をしていたという。

独禁法は，取引上の強い立場を利用して納入業者などに不利益を与えることを優越的地位の濫用として禁止する。

「優越的地位濫用」については，独禁法2条9項5号が，取引上の地位が相手方に優越していることを利用し，正常な商習慣に照らして不当に不利益を与える行為をいうと広く定義している。そのうえで，

該当行為を同号（イ～ハ）に列挙するが，上述の返品要請は，「取引の相手方から取引に係る商品を受領した後当該商品を当該取引の相手方に引き取らせ」る行為（同号ハ）に当たる。

　日本の製造業を中心としたサプライチェーンでは，系列取引を内容とし，優越的な地位の濫用が行われやすい特徴をもっている。

◆ 流通・取引慣行ガイドラインとサプライチェーン

　日本のサプライチェーンは，歴史的，社会的背景の中で形成されてきた取引慣行の支配する部分が少なくない。

　とくにサプライチェーンの流通・販売段階においては，優越的な地位の濫用をはじめとする独占禁止法上問題となる取引が行われやすい。

　そこで公正取引委員会は，平成3年（1991）に「流通・取引慣行に関する独占禁止法上の指針」（略称，「流通・取引慣行ガイドライン」）を公表し，「流通・取引慣行に関し，独占禁止法上問題となる主要な行為類型についてその考え方を示し」てきた。

　その後，6回の改訂があり，平成29（2017）年版が最新なので，以下においては，これをもとに筆を進める。

　同ガイドラインは，第1部「取引先事業者の事業活動に対する制限」，第2部「取引先の選択」および第3部「総代理店」から成る。「優越的地位の濫用」に関しては，第1部の「対象範囲」を説明するなかで，以下のように述べている。

　　大規模小売業者納入業者との関係などでみられるように，事業者間の取引において，自己の取引上の地位が相手方に優越している一方の当事者が，取引の相手方に対し，その地位を利用して，正常な商習慣に照らして不当に不利益を与えることは，当該取引の相手方の自由かつ自主的な判断による取引を阻害するとともに，当該取引の相手方はその競争者との関係において競争上不利となる一方で，行為者はその競争者との関係において競争上不利となるおそれがあるものである。このような行為は，公正な競争を阻害するおそれが

あることから，不公正な取引方法の一つである優越的地位の濫用と
して独占禁止法により規制される。具体的には，「優越的地位の濫
用に関する独占禁止法上の考え方」（平成22年11月30日）によって，
その規制の考え方が明らかにされている。

第3部の第1は，「総代理店契約の中で規定される主要な事項」と
して，「1．独占禁止法上問題となる場合」の規定として，「再販売価
格の制限」，「競争品の取扱いに関する制限」，「販売地域に関する制
限」，「取引先に関する制限」，「販売方法に関する制限」を挙げている。
また，「2．独占禁止法上問題とはならない場合」，として，供給業者
が総代理店に課す，最低購入数量などの義務について述べている。こ
れらの点については，販売代理店契約の条項例の解説に改めて引用す
る（147頁参照）。

◆ 下請系列的ネットワークの課題

製造業においては，下請系列的ネットワークによって，親事業者が
下請業者との間で，緊密な情報交換を通じた協力体制を築き上げてき
た。

そのなかで，上記の優越的地位の濫用が親事業者によってなされ，
返品要請，購入や利用の強制などとともに，相手方に不利益となる取
引条件の設定，支払遅延，減額などの行為類型が具体的に行われてき
た。

"地位濫用的"な行為類型のいくつかは，下請法によって規制され
る。下請法は，優越的地位の濫用行為のある行為を規制する，独占禁
止法の特別法として位置づけられる。

◆ 下請法の概要

(1) 下請法が対象とする取引

下請法は，正式名称を下請代金支払遅延防止法といい，わずか12条
と短い法律ながら，日本で横行していた「下請事業者いじめ」を取り

締まるための重要な法律である。

　仕事を委託する親事業者は，下請事業者よりも優位な立場にあることから，しばしば下請代金の支払を遅らせたり，代金を不当に引き下げたり，下請事業者が不利な扱いを受けることがある。

　下請法は，公正な取引を促進する独占禁止法を補完する法律として，下請事業者の利益を保護し下請取引の公正化を図っている。サプライチェーンのなかでも，サプライヤーいじめが行われ，下請法の適用がありうるので，契約を締結する際には同法の存在を常に念頭に置いておかなければならない。

　下請法は，「下請代金の支払遅延等を防止することによって，親事業者の下請事業者に対する取引を公正ならしめるとともに，下請事業者の利益を保護し，もって国民経済の健全な発達に寄与することを目的とする」（下請法1条）。

　下請法では「親事業者」「下請事業者」を，資本金区分と取引内容により定義している。製造委託・修理委託・情報成果物作成委託（プログラム作成に係るもの）については，親事業者の資本金が3億円を超える場合で下請事業者の資本金が3億円以下の委託契約と，親事業者の資本金が1千万円を超え3億円以下の場合で下請事業者の資本金が1千万円以下の委託契約が下請取引にあたる。

　それ以外の情報成果物作成委託・役務提供委託については，親事業者の資本金が5千万円を超える場合で下請事業者の資本金が5千万円以下の委託契約と，親事業者の資本金が1千万円を超え5千万円以下の場合で下請事業者の資本金が1千万円以下の委託契約が下請取引にあたる（下請法2条7項，8項）。

　下請法の対象となる取引は大別して，製造委託，修理委託，情報成果物作成委託，役務提供委託の4つである（下請法2条5項）。たとえば，OEM取引基本契約のように再委託を認めた場合，資本金区分条件を満たせば，また，製造委託基本契約でも，部品の製造を社外に委託しており，ともに下請法の適用対象になる。

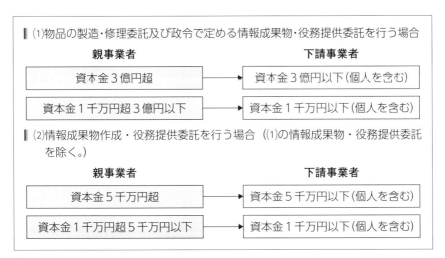

■ (1)物品の製造・修理委託及び政令で定める情報成果物・役務提供委託を行う場合

親事業者	下請事業者
資本金3億円超	→ 資本金3億円以下（個人を含む）
資本金1千万円超3億円以下	→ 資本金1千万円以下（個人を含む）

■ (2)情報成果物作成・役務提供委託を行う場合（(1)の情報成果物・役務提供委託を除く。）

親事業者	下請事業者
資本金5千万円超	→ 資本金5千万円以下（個人を含む）
資本金1千万円超5千万円以下	→ 資本金1千万円以下（個人を含む）

出所：https://www.jftc.go.jp/shitauke/shitaukegaiyo/gaiyo.html

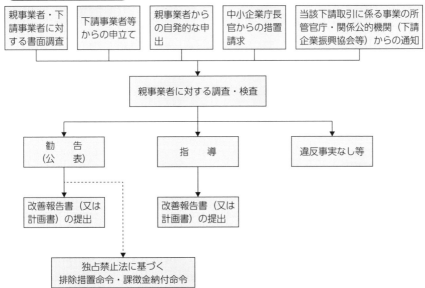

出所：公正取引委員会・中小企業庁「下請取引適正化推進講習会テキスト」

(2) 下請法による親会社の義務と禁止行為

　下請法は，親事業者に４つの義務と11の禁止行為を定めている。制
裁規定とあわせて図表化すると，以下のとおりとなる。

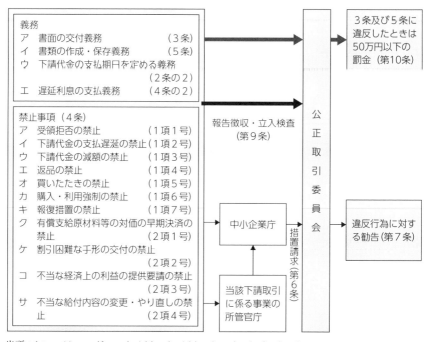

義務
ア　書面の交付義務　　　　　　（３条）
イ　書類の作成・保存義務　　　（５条）
ウ　下請代金の支払期日を定める義務
　　　　　　　　　　　　　（２条の２）
エ　遅延利息の支払義務　　（４条の２）

禁止事項（４条）
ア　受領拒否の禁止　　　（１項１号）
イ　下請代金の支払遅延の禁止（１項２号）
ウ　下請代金の減額の禁止（１項３号）
エ　返品の禁止　　　　　（１項４号）
オ　買いたたきの禁止　　（１項５号）
カ　購入・利用強制の禁止（１項６号）
キ　報復措置の禁止　　　（１項７号）
ク　有償支給原材料等の対価の早期決済の
　　禁止　　　　　　　　（２項１号）
ケ　割引困難な手形の交付の禁止
　　　　　　　　　　　　（２項２号）
コ　不当な経済上の利益の提供要請の禁止
　　　　　　　　　　　　（２項３号）
サ　不当な給付内容の変更・やり直しの禁
　　止　　　　　　　　　（２項４号）

報告徴収・立入検査
（第９条）

中小企業庁

当該下請取引
に係る事業の
所管官庁

措置請求（第６条）

公正取引委員会

３条及び５条に
違反したときは
50万円以下の
罰金（第10条）

違反行為に対す
る勧告（第７条）

出所：https://www.jftc.go.jp/shitauke/shitaukegaiyo/gaiyo.html

　下請法の適用を受けると，親事業者には，発注書面の交付義務（下
請法３条），書類の作成・保管義務（同法５条），下請代金の支払期日
を定める義務（同法２条の２），遅延利息の支払義務（同法４条の２）
の４つの義務が生じる。

　そして，下請代金の支払遅延の禁止や返品の禁止など11の行為が禁
止される（下請法４条各項参照）。義務違反は50万円以下の罰金（同法
10条），禁止行為を行った場合は適当な措置をとるべきことを求めら
れたり（同法６条），下請事業者が被った不利益の原状回復措置の勧
告を受けることになる（同法７条）。前頁下の図表は，公正取引委員
会による下請事件処理のフローチャートである。

⑶　下請法ガイドライン2016年改正

　2016年12月14日，下請法の運用方針を定めた，下請代金支払遅延等防止法に関する運用基準（以下「下請法ガイドライン」という）が13年ぶりに改正され即日施行された。同改正は，運用基準に記載されている具体的な違反行為事例を盛り込むことにより大幅に増加させたことを中心とした内容としている。

　運用基準の「第2」において，事業者が下請法の対象となる取引ではないと誤認しやすい取引等の具体例として6つの取引例が追加され，既存の取引例の1つが修正された。たとえば，役務提供委託においては建設工事への下請法の適用が除外されているため，建設業者が同法の適用を一切受けないと誤解されるが，他社から請け負った設計図面の作成を再委託するような取引は情報成果物作成委託に該当し同法の適用を受ける場合がある。

　運用基準の「第4」において，禁止行為ごとに比較的違反がおこりやすく注意しなくてはならない違反行為類型が示されている。

　個々の業務委託契約において，下請法の適用を受けるのか，受ける場合に法の要請に従っているかをしっかり検討すべきである。

　なお，下請法ガイドラインは，2022年1月26日に改正された。同改正の対応ポイントは，52頁以下を参照されたい。

◆　下請法の執行状況の変化とサプライチェーン

　日本企業は，製造業を中心に，サプライチェーンにおける緊密な信頼関係を武器に，国際競争力を保ってきた。信頼関係をもとにした系列取引が継続的に行われるなかで，優越的な地位の濫用や下請法違反といったコンプライアンス上の問題を引き起こしかねないので注意を要する。

　下請法の執行は，伝統的に画一性と迅速性を特徴とするが，近時は，サプライチェーンにおける場合を典型として，柔軟性を加えるようになっている。

　この変化は，日本国内におけるサプライチェーンのレジリエント化

と関係し，親事業者のレピュテーションの維持をはかろうとするもので注目に値する。とりわけ，公正取引委員会が平成20年（2008）12月17日に公表した「下請法違反を自発的に申し出た親事業者の取扱いについて」が，ベースになっている。

◆ 下請法ガイドライン2022年改正への対応

(1) 22年改正の趣旨と概要

2022年1月26日付で，公正取引委員会は，下請法ガイドラインを改正した。

本改正は，長引くコロナ禍やウクライナ問題によって，コスト増などで苦しむ下請先企業が増加するなかで行われた。これらの招いた危機的状況によって存続すら危うくなった下請先企業からは，値上げ要求が多く出されるようになった。

こうした下請先からの要求に適切に応えることなく下請法違反を犯してしまうおそれは，改正前の下請法ガイドラインの下でもあった。公表の時期からしてウクライナ問題には対応したものではないが，本改正は，下請先の値上げ要求にどう応え，買いたたきに該当しないようにすべきかを示している。

改正点の第1として，改正前は，下請先が単価引上げを求めたにもかかわらず「一方的に従来どおりに単価を据え置くこと」を違反例としていたが，改正で「価格転嫁をしない理由を書面，電子メール等で下請事業者に回答することなく」との要件を付け加えた。

この改正点は，一見すると，買いたたきの要件が緩和されたように見えるが，じつはそうではない。第2の改正点ともあわせ，買いたたきの該当性の判断を基準より明確に示したものである。基準強化は，「書面，電子メール等で…回答することなく…」に示されている。

第2の改正点として，「労務費，原材料価格，エネルギーコスト等のコストの上昇分の取引価格への反映の必要性について，価格の交渉の場において明示的に協議することなく，従来どおりに取引価格を据え置くこと」を違反例として新たに加えた。

⑵　サプライチェーンの寸断要因を招く下請法ガイドライン不遵守

　2022年の下請法ガイドラインの改正は，ウクライナ問題対応を意識して行われたものではない。また，改正の対象になった行為類型は買いたたきに限られている。

　奇しくも，ウクライナ問題は，欧米諸国や日本による経済制裁や，エネルギー資源や食料価格の高騰を招いた。また，一方で，これら重要物資のサプライチェーンを直撃するダメージをもたらしたことは，再三にわたって指摘するところである。

　関連するサプライチェーンにおいては，原材料の高騰を受け，下請事業者による「値上げ要求」が増えた。

　これに関連して，中小企業庁は，2017年1月より，「下請Gメン」（取引調査員）を配置して，下請等中小企業を訪問して親事業者等との取引実態についてのヒアリングを実施している。中小企業庁が公表する指導事例によると，中小企業庁は，たとえば，以下のような親事業者等の行為について，下請法が禁止する買いたたきに該当するおそれがあるとしている。

- ・下請事業者に対する注文で，当該事業者から見積書が提出されているが，注文書の下請代金額が見積書から値引きした額（＝当初の見積書の額を変更し引き下げた額）を記載しており，かつその理由が不明確であった事例
- ・下請事業者との取引において，注文書に記載している要求納期を「最短」として発注しているが，短納期発注を行う場合に下請事業者に発注する費用増を考慮せず，通常支払われる対価より低い対価により下請代金額を定めていた事例

　なお，公正取引委員会は，2022年5月20日，独占禁止法上の優越的地位の濫用に関する執行体制のさらなる強化を図る観点から，「優越Gメン」の体制を創設した。優越Gメンは，①独占禁止法上の優越的

地位の濫用に関する緊急調査，②大企業とスタートアップとの取引に関する調査，③荷主と物流事業者との取引に関する調査，などの各種調査において，関係事業者に対する立入調査などの業務を担当する。

　日本の場合，下請法コンプライアンスがサプライチェーン強化の鍵を握るともいえる。とりわけ，本下請法ガイドライン改正に沿ったコンプライアンスを徹底すべきである。

第**2**部

サプライチェーン契約の機能と条項例

1 サプライチェーン契約条項の特徴

◆ サプライチェーン契約の「前半部分」と「後半部分」

　サプライチェーンの契約は，すでに11頁の図でも説明したように，大きく，「生産段階」と「流通段階」に分けることができる。

　典型例でいうと，原材料を調達し部品をつくり，完成品メーカーに渡し，そこで最終製品化・商品化をはかる契約の連鎖がいわば，サプライチェーンの前半部分である。

　その後半部分は，商品化された製品を市場に流通させ，消費者や最終需要者のもとに届けるための契約の連鎖である。

　サプライチェーンの前半部分と後半部分とでは，使われる契約の条項内容に大きな差がある。

　前半部分は，製品メーカーのところで製品化・商品化する目的のために必要な物資を調達する契約である。この目的達成のために，一定の品質や仕様に合致した部品などの目的物を，適時に調達者に届けるための条項が重視される。

　後半部分の諸契約は，生産者から流通業者を経て最終需要者のもとに製品・商品を届けるための契約である。前半部分では，多くの調達契約が生産者のもとに収束するが，後半部分では，対照的に，生産者から流通業者，さらに最終需要者へと，契約の数は増え，拡散する。

◆ B to Bの「前半部分」，B to Cの「後半部分」

　サプライチェーンの前半部分における契約のほとんどはB to B（企業対企業）の契約である。これに対し，同後半部分において最後にく

るのは，多くの場合，B to C（企業対消費者）の契約である。

　B to Cの契約では，私たち消費者が小売店から日常的に商品を購入する場合がそうであるように，売買契約書を作成することはまずない。ほとんどが，いわゆる口頭契約である。家電製品のように，メーカーの品質保証書が，口頭の売買契約時に交付されることもよくある。

　この場合，保証書は，口頭の売買契約にとって特約的書面であるが，売主と買主の合意に基づくものではなく，メーカーが小売店を通じて消費者に対して一方的に作成し交付したものである。

　保証書は，契約の一部として書面化したと考えられるが，その条項のなかには，消費者に一方的に不利な内容を含むものがある。典型例が，「免責条項」である。

◆ 消費者契約法の下での免責条項の扱い

　B to Cで取り交わす消費者向けの契約は，契約内容の適正化を目的として制定された消費者契約法の規制を受ける。

　消費者契約法3条1項1号は，事業者が消費者契約の条項を定めるに当たっては，「消費者の権利義務その他の消費者契約の内容が，その解釈について疑義が生じない明確なもので，かつ，消費者にとって平易なものになるよう配慮すること」を求めている。

　そのうえで，同法8条以下は，消費者契約の条項中，「事業者の損害賠償の責任を免除する条項等」（8条の2）などを無効にすると規定している。

　なかでも，製造者が作成する保証書については，内容次第で免責条項が無効になるかもしれないので注意を要する。

　すなわち，売買契約や請負契約の下で引き渡された「目的物が種類又は品質に関しての契約の内容に適合しないとき」に「これにより消費者に生じた損害を賠償する事業者の責任を免除し，又は当該事業者にその責任の有無若しくは限度を決定する権限を付与する」契約条項は，一定の場合を除いて無効としているからである。

　サプライチェーン契約においては，製品・商品の最終供給先になる

ことの多い消費者のニーズにどこまで応えられるかが，内容上のポイントになる。目的物の内容適合性が問われるのは，まさにそのためであり，製造者が直接出す保証書の内容が契約内容に適合しないことに関し，免責条項が無効とされる事態は何としても避けるべきである。

◆ 国内契約 ＋ 国際契約の「シームレスチェーン」

サプライチェーンは，海外から原材料を調達してつくった部品を日本に輸入し，最終製品に作り上げて国内需要者の手もとに供給していく。典型例で言うと，「前半部分」においては，国際契約が多くなり，「後半部分」は，ほとんどが国内契約である。

とくに，日本は，食料を含め，天然資源に乏しいので，原材料の多くを海外からの調達に頼らざるをえない。

国際契約は，使用言語を日本語にすることはまずない。英語をはじめとする外国語で取り交わされ，拠って立つ「契約準拠法」も，日本以外の外国法を指定，合意することが少なくない。

したがって，国際契約を扱うには，国内契約とは異なる着眼点が求められ，契約に登場する条項も違う点に注意が必要になる。

ただ，本書の立場は，国際契約に国内契約をつなぐ場合でも，一本のシームレスなサプライチェーン契約の連鎖を想定した契約実務の追求である（30頁以下参照）。

契約実務上のポイントは，国際契約，国内契約を問わず，1つの理念と統一方針に基づいて，共通の契約条項を使うことである。どのような条項がこれに含まれるか，列挙するならば，以下のとおりである。

① 目的条項
② 表明・保証条項
③ 誓約条項
④ 契約内容適合性に関する条項
⑤ デューデリジェンス条項

国際契約は英文契約であることが多い。国際契約としての英文契約は，たとえ日本法が契約準拠法に制定されたとしても，英米法由来の伝統的な条項が使われることが少なくない。

　それだけでなく，近時は，日本語のサプライチェーン契約でも，英米法由来の条項をよく使うようになった。上記①〜⑤の条項は，それぞれ英米契約法特有の法原則に基づいていたりする。こうした特徴ある英米法的条項を国内契約でも使うのは，契約内容のグローバルな通用性を高めるためでもある。

　上記条項④は，国際契約・取引にとって最も重要なグローバルルールである国連・国際物品売買条約（ウィーン国際物品売買条約）35条の，「物品の契約適合性」に関する規定内容と合致する。

　民法（債権関係）改正は，同規程にならい売買契約や請負契約における，目的物供給者の責任として，改正前の瑕疵担保責任の考え方を捨て，代わって契約不適合責任の考え方によることとした。

　「契約適合性」は，同条約35条(2)の内容を見ても，「契約の目的適合性」とほぼ置き換えられる。その意味で，目的条項（上記①），目的や製品見本との適合を表明し保証する，あるいは誓約する条項（上記②）は，すべて同条約のグローバルルールを尊重するところから，契約に入れられる。

② サプライチェーン強靭化に必要な契約条項

◆ 人権尊重のサプライチェーン契約条項

　　人権あるいは基本的人権は，人が人間として当然に有する権利である。日本国憲法11条は，「この憲法が国民に保障する基本的人権は，侵すことのできない永久の権利として，現在及び将来の国民に与へられる」と定める。

　　したがって，サプライチェーン契約における人権尊重の要請は，いまにはじまったことではない。とはいえ，近時は，サプライチェーンに関して，たとえば原料工場での強制労働・児童労働事案が相次いで報じられている。

　　2010年代以降，とくに，コロナ禍パンデミックとウクライナ問題という2大危機に見舞われているいまほど，サプライチェーン契約における人権尊重が求められるときはないであろう。

　　契約条項のうち，人権デューデリジェンスを約束させる条項は，人権尊重に直接関わる（67頁以下参照）。この条項以外にも，基本的人権の内容に応じて，人権尊重の条項内容も変わる。プライバシー権侵害を防止するための条項は，その1つである。

◆ 情報セキュリティ体制整備を約束させる条項

　　サプライチェーンを寸断させる最大の脅威が，サプライチェーンの拠点を狙うサイバー攻撃である。なぜ，同拠点が狙われるかといえば，原材料や部品の供給者（サプライヤー）は，新興国の企業や国内中小企業が大半を占め，情報セキュリティ体制整備が不十分なことが多いからである。

　　攻撃の目的は，単に"身代金（ランサム）"の獲得狙いなのか，シ

ステムに侵入しての製品メーカーの技術データや顧客データ盗取なのか，はっきりしないことが多い。

サイバー攻撃で盗み出されたデータのなかに個人データが含まれていると，憲法上保障されるプライバシー権の侵害になってしまう。

過去には，何億人分もの個人データが流出した事故があったが，こうした深刻な人権侵害を防止するには，何といっても，サイバー攻撃から秘密情報を守る情報セキュリティ体制を整備することである。

サプライチェーン契約でこの点に関係するのは，「約束」条項の挿入である。すなわち，情報セキュリティ体制やデータガバナンスの整備を同契約の相手方，すなわち供給の連鎖における前供給者に人権デューデリジェンス条項に関連してすでに述べてきたように，具体的には，表明・保証条項や誓約条項の活用が課題になる。

データガバナンスについては，ISO規格の概略を，118頁以下に紹介した。大規模なプライバシー権侵害による人権侵害を起こさないよう，経営者の責任で，サプライチェーンの各プレイヤーが，最もリスクの大きい，データの大量ネット流出を防止しなくてはならない。

◆「責任あるサプライチェーン等における人権尊重のためのガイドライン」の公表

経済産業省は，2022年9月，「責任あるサプライチェーン等における人権尊重のためのガイドライン」（以下「人権尊重ガイドライン」という）を作成・公表した。

人権尊重ガイドラインは，「1．はじめに」「2．企業による人権尊重の取組の全体像（総論）」「3．人権方針（各論）」「4．人権DD（各論）」「5．救済（各論）」で構成される。この中で特に重要なのが，「4．人権DD（各論）」である。

人権DDとは，「企業が，自社・グループ会社及びサプライヤー等における人権への負の影響を特定し，防止・軽減し，取組の実効性を評価し，どのように対処したかについて説明・情報開示していくために実施する一連の行為」をいい，人権尊重ガイドラインでは，①負の影

響の特定・評価⇒②負の影響の防止・軽減⇒③取組の実効性の評価⇒
④説明・情報開示という４つのプロセスを定期的に繰り返すことを求
めている。

　人権尊重ガイドラインの内容は，日々の事業活動においてはもちろ
ん，場合によってはサプライチェーン契約の条項に盛り込むこととな
ろう（67頁以下も参照）。

3 国際認証，規格に適合する サプライチェーン

◆ 強靭なサプライチェーンは広義のコンプライアンスから

　　強靭なサプライチェーンは，何よりも人権を尊重するところから得られる。基本的人権の保障は憲法の求めるところであるから，「法令等遵守」と訳されることが多い。コンプライアンスの対象は，まず第1に最高法規，憲法である。

　　遵守の対象として憲法の次にくるのは，法令である。それ以外にも，いわゆるソフトローによる慣行的ルールも遵守して，コンプライアンス体制を構築しなくてはならない。

　　サプライチェーンの場合，グローバルな原材料の調達などを避けて通れないことから，加えて，国際的に通用する規格を守り，認証を得た物資の供給を受ける"姿勢"が求められる。

　　以下で取り上げるのは，加工食品の原材料となる食肉の輸出入に使う，アニマルウェルフェアの国際的「指標」および建築資材などとしての木材の輸出入に使う「認証」である。

◆ アニマルウェルフェアと食品サプライチェーンの"クリーン化"

　　アニマルウェルフェアは，「動物福祉」ともいわれるように，動物にも人道的な扱いを求める考え方である。

　　もとより，すべての動物を人道的に扱うことは無理である。そこで，仲間や社会を認知し，苦しさを感じられる感受性のある動物，なかでも家畜を対象に，飼養管理，輸送，屠畜の段階で人道的な扱いを求めている。

　　サプライチェーンに関して，いま最も問題となっているのが，食肉

の輸出入におけるアニマルウェルフェアである。

　通商対策におけるアニマルウェルフェアの実現に熱心なEU（欧州連合）の場合，二国間貿易交渉のなかで，「アニマルウェルフェア条項」を含ませることを，随時提案してきた。

◆「アニマルウェルフェア条項」の内容

　日本とEU間で2019年2月に発効したEPA（経済連携協定）におけるアニマルウェルフェア条項は，第18章のB節に，以下のように規定する。

> *1. 両締約国は，それぞれの法令に関する相互理解の向上を目的として，飼養された動物に焦点を当てた動物の福祉に関する事項につき，相互の利益のために協力する。*
>
> *2. このため，両締約国は，この条の規定に従って取り扱う動物の優先順位及び区分を定める作業計画を相互の意思によって採用することができるものとし，また，動物の福祉の分野における情報，専門知識及び経験を交換するため，並びに一層の協力を促進する可能性を追求するため，動物の福祉に関する技術作業部会を設置することができる。*

　こうした条項の内容が，EUとの畜産物の輸出入取引に直接的な影響をもたらすわけではない。しかし，EUの場合とくに，貿易相手国にEUと同等レベルの規制を求めており，この問題でのEUの要求レベルにいやでも合わせざるをえなくなっている。

　さらに，より国際的な"基準"としては，2012年に設けられた家畜福祉ビジネス指標（Business Benchmark on Form Animal Welfare：BBFA）が，食品企業のアニマルウェルフェアへの取組み状況を，評価指標に基づいて評価し，結果を毎年公表している。

　2021年版の報告は，世界の150社を対象に評価を行い，日本企業も，流通，水産，食肉，畜産などの分野を代表する5社が含まれていた。

残念なことに，日本企業 5 社はいずれも，6 段階評価のうち最低ランクであった。最高位にはイギリスの 4 企業がランクされている。

◆ ロシアとベラルーシの木材を「紛争木材」として認証から除外

　木材（正確には「森林および森林外樹木産品」）が環境や人権に配慮していることを認証する第三者国際機関であるPEFCは，2022年 3 月 2 日，ロシアおよびベラルーシからの木材を「紛争木材」であるとして，認証対象から外した。

　PEFCが「紛争木材」と認めたのは，同年 3 月 2 日の国連総会議決における「ウクライナに対する侵略」の投票結果に基づいている。

　PEFCによる認証は，PEFC評議会が策定する認証規格によることとされている。同規格の2020年版には，「デューデリジェンス・システム（DDS）に関する要求事項」が書かれている。

　それによると，企業は，「リサイクル原材料を除いて，PEFC製品グループの原材料として使用されたすべての原材料に関して，この規格の付属書 1 で定める問題がある出処からの原材料の回避のためのDDSに則したデューデリジェンスを実行しなければならない。」とする。

　「付属書 1 」は，「問題がある出処からの原材料を回避するためのPEFCデューデリジェンス・システム（DDS）」のタイトルの下で，同システム（DDS）の実行を，「情報の収集」，「リスクの評価」，および「重大リスク供給品の管理」の 3 段階によって実行しなくてはならないとしている。

　サプライチェーンの契約条項のうち，デューデリジェンス実施を約束させる条項内容をどう書くかについて参考になるのは，「情報へのアクセス」に関し，概略，以下のような規定をしている点である。

　　DDSの実行を可能にするように，組織は要請があればPEFC主張付きで渡される原材料に関して付属書 1 の2.1項が定める情報を提供しなければならない。

同2.1項が定める情報は，以下の２種類である。

- *該当原材料／製品に含まれる樹種の一般名および／また当てはまる場合は学名による確認，または含まれる可能性がある樹種のリスト*
- *当該原材料が収穫された国，および当てはまる場合は，国内地域名またはコンセッション名*

法令や契約によってデューデリジェンスを義務づけるとしても，必要な情報が入手できなければ「リスク評価」はおぼつかず，デューデリジェンスはできないことになりかねない。

サプライチェーンの対象目的物ごとに，供給者にどのような情報提供をさせるかを特定したうえで，情報提供を義務づける契約条項を入れるのがよい。

◆ 人権に関する海外の法制度に対する理解の重要性

以上に挙げたもののほか，海外における人権に関する法制度を理解しておくことが重要であることは言うまでもない。

61頁に紹介した人権尊重ガイドラインは，ドイツ，イギリス，フランス，オランダ，EU，アメリカ，オーストラリアの人権に関する法制度を概説している。いずれも，日本企業と関係の深い国・機関であるため，参考になる。

第2章　調達・製造段階の場合

1　デューデリジェンス条項

◆ デューデリジェンス条項とは何か

デューデリジェンス（due diligence）を直訳すると，「適切で相応の（当然払うべき）注意」となる。法的にいえば，具体的な状況下で当事者が果たすべき注意義務のことである。

いま最も必要とされるデューデリジェンスといえば，サプライチェーンにおける人権デューデリジェンスである。内容は鎖（チェーン）のように連なる原料や部品の供給契約において，各供給元（サプライヤー）を，注意義務を尽くしてしっかり調べることに尽きる。

問題は，供給契約の相手方の何を調べるべきかであるが，契約どおりに原料や部品を供給できる能力，資力よりも，人権問題を発生させてはいないかなどの"非財務情報"にデューデリジェンス対象事項の重点が移ってきている。

契約の相手方当事者のことをよく調査すべきとするデューデリジェンスは，サプライチェーン契約についてのみで，しかも最近急に求められるようになったわけではない。

伝統的な契約実務のなかで，最もデューデリジェンスの必要性が強調されてきたのが，M&A（企業買収）の分野である。M&Aは，組織法的な問題ではあるが，いってみれば会社を丸ごと売り買いする"大きな売買契約"である。

売買契約で一般的にあてはまるのは，「目的物」をよく調べないで高すぎる買物をすべきではないとの戒めである。M&Aも例外ではないのではあるが，会社の買取価格をいくらにすべきかは，簡単に答え

の出せない難問である。

　それは，いま企業価値が，不動産や製造機器よりも，眼に見えず評価の難しい知的財産権や債権，あるいは"人財"を主たる要素にするように変化してきたからでもある。

　そこで，デューデリジェンスの中身としても，いわゆる法務デューデリジェンスや経営者デューデリジェンスが強調されるようになった。これも非財務情報重視の流れといえる。

◆ サプライチェーン契約におけるデューデリジェンスの特徴

　M&Aを実現するために，たとえば吸収合併契約（merger agreement）をいくつも連ねて転売を繰り返すことは通常はない。これに対して，サプライチェーン契約の場合，単純化しても，原料供給契約→部品供給契約→最終製品製造者のように契約が連鎖するところに特徴がある（下図参照）。

| A
（原料供給者） | → | B
（部品供給者） | → | C
（最終製品メーカー） |

　サプライチェーンの各供給契約において，調達者は，直接の契約相手方（供給者）の"クリーン度"をしっかり調査しておくことが，この場合のデューデリジェンスの内容になる。

　ただ，Cとの契約の直接の相手方（供給者B）に，直前の供給者Aからの調達契約において，Aに，たとえば人権侵害のないことを十分に調査すべきこと，すなわちデューデリジェンスを義務づける条項を入れておかなくてはいけない。

　こうして，たとえ何十のサプライチェーンの拠点が連なっていたとしても，前者（供給者）のデューデリジェンス調査を後者との契約のなかで"玉つき"的に約束を積み重ねていく。それは，最終製品メーカーの一貫した調達理念のもと，「シームレス法務」（30頁以下参照）の実践を通じて海外の供給者にまで及んでいくべきである。

◆ サプライチェーンの人権デューデリジェンス条項の実際例

シームレス契約実務の視点から，国際契約であるか国内契約であるか，あるいは英文か邦文であるかを問わず，人権デューデリジェンスを契約の相手方に求める際の条項例を探してみた。

すると，ABA（American Bar Association：アメリカ法曹協会）が，国際的サプライチェーンにおける労働者保護のためのモデル条項を公表（2021年3月）していることを発見したので，これをもとに検討する。本モデル条項は，ABAのウェブサイトで誰でも見られる。

サプライチェーン（SC）における人権問題といっても，労働者の人権だけが対象になるわけではない。とはいえ，いまSCのクリーン化か最も問われるのは，原料メーカーの工場などにおける児童労働や強制労働であるから，労働者保護にフォーカスするのは無理もないところである。

この関連のABAモデル条項は，最初にVersion1.0が2018年に公表されており，ここで取り上げるのはその改訂版というべきVersion2.0である。

Version2.0が，初版と比べ，人権保護に取り組む上での，SCにおける買主と売主の適正分担をより重視する点に特徴がある。タイトルの"Balancing Buyer Supplier Responsibilities：Model Contract Clauses to Protect Workers in International Supply Chains, Version2.0"にもよく示されている。

Version2.0は，「供給契約，購入注文書，あるいはこれらに類似する物品売買のための書類に挿入すべき条項」を列挙した部分がメインパートである。

「サプライチェーンにおける虐待的な行為（abusive practices）との戦いに関する〔売主と買主〕相互の義務」と題する章の最初に登場する条項例は，1.1条「人権デューデリジェンス（Human Rights Due Diligence)」の，次のような内容である。なお，省略したが，同項第2文では，国連のビジネスと人権に関する指導原則や，OECDのガイダンスに沿って，デューデリジェンスが行われるべきとしている。

(a) Buyer and Supplier each covenants to establish and maintain a human rights due diligence process appropriate to its size and circumstances to identify, prevent, mitigate, and account for how each of Buyer and Supplier addresses the impacts of its activities on the human rights of individuals directly or indirectly affected by their supply chains, consistent with the 2011 United Nations Guiding Principles on Business and Human Rights.

(a) 買主と供給者は，それぞれ，2011年国連ビジネスと人権に関する指導原則に沿い，双方の活動がSCにより，直接または間接的に個人の人権に与える影響を特定し，防止し，緩和し，あるいは自らがどのように対処するかを説明するために，各規模と状況に応じた人権D.D.のプロセスを確立し，維持することを約束する。(筆者訳)

　　この条項は，いわゆるコベナンツ条項の一種である。Version2.0は，同じく「約束」を内容とする表明・保証条項よりも，将来的に何かをする・しないを誓約するコベナンツ条項を重視する立場によっている。
　　ちなみに，covenantは，representやpromiseよりも重く公式的な英語である。

◆ CSR活動を約する条項

　　政府が2020年10月16日に策定した「ビジネスと人権」に関する行動計画をもとに，サプライチェーン（SC）管理を，調達契約の中にどう落とし込むべきかにつき，より具体的に考えてみよう。
　　サプライチェーン管理の流れは，次図における調達者Aが人権（尊重）方針の策定をして，同方針の下で供給者行動規範を作成，提示し，持続可能な原料などの供給を供給者に約束させる。
　　ここで重要なのは直接の供給者Bだけでなく，Bがさらに別の供給者Cから原料の原料を調達するのであれば，BはCに対し同じく持続

可能な供給をAB間の契約中で約束させるべき点である。

　こうすることで、はじめて"クリーンな"供給網（SC）が、下図のような流れででき上がる。

```
A ————①————→ B ————②————→ C（調達者・日本企業）
```

　②の調達契約は、継続的内容の基本売買契約であることが多いが、同契約中に、たとえば、"CSR Activities"とのタイトルの下に、以下のような表明・保証条項を入れる。

第○条　CSR活動

　売主［B］は、本件製品がCの行動計画を遵守して製作され引渡されるべきことを保証し、同計画はBに以下のことを要求する。

(a)　適用があるべき法律、規則および社会の規範を遵守し、公正かつ健全なやり方で事業を行い、

(b)　各従業員の人権を尊重し安全で安心な労働環境を確保し、

(c)　…、かつ

(d)　…。

　これは、いわゆる約束・保証条項である。一定の事実を表明し、表明者自身がその正しいことを保証する場合は、表明・保証条項と称することが多い。

2 前文，目的条項

　日本の国内契約で，契約本体部分に先立って前文を置くことはまれである。これに対し，日本企業の取り交わす国際契約の大多数を占める英文契約では，標準スタイルの場合，前文を入れるのがならわしとなっている。

　英文契約に定番的に入る前文には，かつては英米契約法の下で有効に契約（contract）を成立させるための要件である約因（consideration）の内容を書いたが，いまは，契約の背景，動機，目的を簡潔に書くように変わった。

　国内契約でも，契約本体部分に「目的」と題する条項をよく入れる。しかし，「前文」には，契約を取り交わすにいたった経緯や背景，原因・理由，動機から書き起こす点に違いがある。

　今後は，容易に寸断されないようなサプライチェーン強靭化の一環として，国内契約においても前文を入れるようにすべきである。シームレスな契約実務実現のためにも必要である。

◆ 民法（債権法）改正と契約前文

　レジリエント（強靭）化に向けて，サプライチェーン契約を中心に，英文契約のように前文を入れるプラクティスが，日本国内でも一般的になり定着するであろう。

　今後は，ボーダー（国境）を意識せずにシームレスな契約づくりを心がけていくのがよい。キーポイントになるのが，前文の挿入である。モデルにすべき，典型的な英文契約における前文の位置づけを確認しておこう。

　英米契約法の下でつくる契約書には，一定の形式がある。その特徴

が最も表われるのが「前文」といってよい。この部分は，"Whereas Clause(s)" と称し，典型的には，以下のようになる。

Supply Agreement

This agreement, ～ ,

Witnesseth：

Whereas, ～ ,

Whereas, ～ ,

Whereas, ～ , and

In consideration of the mutual promises, the both parties agree as follows：

～

　Whereasで始まる説明文が内容を省いて3つあるが，数が決まっているわけではない。契約の目的，動機，経緯などをここに書くのがふつうである。かつては，「約因」すなわち契約の原因関係，対価関係の内容を，「Aが所有物をBに売り渡し」，「その対価としてBはAに10万円を支払う」のように書くのがならわしであった。

　そのなごりが，つづくIn consideration of ～：の文章にある。これを「約因文言」という。契約の原因関係，対価関係の存在が英米契約法における，契約contractの最重要の有効要件であるからである。

　considerationは，「対価」でもあるが，契約の要件としては対価そのものよりも，むしろ「対価関係」を指すと考えてよいであろう。売買契約を典型に，契約を取り交わす当事者の目的や動機は，この対価関係を生じさせる点にある。

　2020年4月から全面施行になった改正民法（債権関係）は，大陸法のベースの上に，一部英米法の考えを取り入れている。

　約因理論そのものを取り入れたわけではないし，むしろ否定している（改正で新設の522条2項参照）が，反面，契約当事者の自由な意思とねらいを極力尊重する立場によっている。

契約自由の原則について新設規定（521条，522条）を置き，表示された動機の錯誤の規定（95条）を設け，売買契約その他における瑕疵担保責任を契約不適合責任に改めたことは，その表れである。

　改正民法の下で，動機の錯誤を主張し，契約の目的に合致しない不適合の責任を追及しようとすれば，目的や動機を契約中に明示しておかなくてはならない。英文契約のトラディショナルスタイルとして定番である説明前文が，日本式国内契約にそのまま入るわけではないにしても，目的や動機の明示を検討すべきニーズはより高まったとみられる。

◆ サプライチェーン契約と前文，目的条項

　日本式契約実務の場合，契約締結交渉の段階から，交渉の結果どのような契約をどのような目的で取り交わそうとするのかを明確にしない傾向がある。今後は，とくにサプライチェーン契約においては，契約締結交渉にも，目的を明確に定めて取り組むことが求められる。

　サプライチェーン契約は，調達者が最終製品のメーカーだとすると，原料や部品を順に供給を受けていくための物品売買契約の連鎖と考えられる。鎖の1つでも切れると，供給は途絶え，調達者の製造ラインをストップさせてしまうので，製造者の事業の継続を損ないかねない。

　2021年には，コロナ禍の影響による半導体の不足が，自動車メーカーなどの製造ラインを直撃した。

　サステナブルな調達契約を交渉の上締結しようとしたら，どのような最終製品をつくるために，どの程度の品質を備えた，どういった部品が，いつまでにどれだけの量を必要とするのかなど，調達の目的を交渉段階から明確に示さなくてはならない。

　あたりまえのこととととらえられがちだが，目的を明確にしなくとも，そこは "阿吽の呼吸" で，相手と暗黙の了解ができているかのようにことを進めるのが日本式交渉といえる。

　対照的な "欧米式" 交渉の場合，目的を明示し，これに適合する供給がなされない，あるいはそのおそれがある場合には契約解除をし，

他の供給者に"乗り換える"ことも可能として，サステナビリティを確保できる契約を締結しようとする。

　これもあたりまえのようだが，"日本式"交渉では，交渉途中で契約当事者の意図やねらいを確認し合う文書を取り交わすところまでは徹底しないのがふつうである。

　"欧米式"の場合，交渉段階で意図を確認するための予備的合意文書としてLOI（レター・オブ・インテント）を取り交わす慣行がある。文書化することで目的や意図，ねらいを明示し，これを認めない主張は，交渉中でNoの意思表示をはっきり伝える。

　契約交渉に臨む態度の彼我の差は，目的に照らしYes，Noを明らかにする側が相手を押し切る結果を生みがちとなる。

　目的を明示し，契約（目的）不適合の場合には解除まででできるとするのは，契約の拘束力を弱めることにならないかというと必ずしもそうではない。

　供給者には，自身の事業のサステナビリティがかかっているので，何とか契約の目的に適合した供給を継続するように手を尽くし，契約を必死で守ろうとする。拘束力はかえって強まることになるであろう。

◆ 契約「目的」の明確化と契約不適合責任の追及

　サプライチェーン契約においては，たとえばこの原料を調達するのはどのような目的のためであるかを明確にする必要がある。それは，前文とあわせて，「最終製品用の部品をつくるため」といった契約目的が具体的に何かをはっきりさせることにより，契約不適合についての売主（供給者）の責任を追及しやすくする意味をもつ。

　もう少し詳しく，サプライチェーン契約と契約不適合責任の関係を補って説明しておこう。2020年4月から全面施行になった改正民法（債権関係）の"目玉"の1つが，売主の担保責任としての契約不適合責任を規定した部分である。

　改正前の民法で「売買の目的物に隠れた瑕疵があったとき」に，買主は損害賠償の請求および契約解除をできるとしていた。しかし，売

買の目的物に不具合があった場合の売主の責任については，学説上，法定責任説と契約責任説の対立が厳しく，判例も定まらなかった。

加えて，法的責任説は，特定物売買と不特定物売買とを区別し，担保責任の対象は特定物に限り，損害賠償の範囲は信頼利益としていた。

ただ，現代社会における売買は，大量生産，大量販売，大量消費型の不特定物売買が主流を占める。不具合があった場合にも，部品の交換や代替物の給付など履行の追完ができることが多い。

こうした現代型の売買契約の特徴は，企業間における原料や部品の売買契約の連鎖から成るサプライチェーン契約に最もあてはまる。

そこで，改正民法は特定物売買と不特物売買を区別せず，売主は一般に種類，品質および数量に関し，売買契約の内容に適合した目的物を引き渡す債務を負うことを前提に，引き渡された目的物が種類，品質または数量に関して契約の内容に適合しない場合には，債務は未履行であるとした。契約責任説によった改正内容である。

契約の内容に適合していないとして，買主が売主の担保責任を追及しようとしたら，内容を客観的に明らかにする契約づくりの必要がある。

サプライチェーンの原材料調達契約を例にとれば，売買目的物をどのような製品をつくるための原材料とするのかを明確にしておくべきであろう。

◆ グローバルなサプライチェーン契約とウィーン国際物品売買条約

日本企業によるグローバルサプライチェーンの諸契約には，国内，国際を問わずシームレスなグローバル性のある内容が求められる。そのグローバルな内容を知るのに最適な材料が，ウィーン国際物品売買条約と略称される条約である。

同条約の正式名称は「国際物品売買契約に関する国際連合条約（United Nations Convention on Contracts for the International Sale of Goods：CISG)」である。日本は2008年7月1日，これに加入し，

2009年8月1日から発効した。

　CISGは，国際的な物品売買契約について適用される各国に共通の契約法を定めることによって，国際取引を円滑化し貿易の発展を促進することを目的とし，1980年4月11日，ウィーンで開催された国連主催の外交会議で採択され，1988年1月から発効している。

　日本はCISGの「署名開放期間」が経過後，「加入」のかたちで70番目の締約国になり，2009年8月1日以降締結のCISGの適用条件を満たす契約に適用されることになった。

　CISGと国内法の適用関係はやや複雑である。国際契約にいずれの国，地域の法律を適用するかは，国際私法によって決まるのが原則である。日本では「法の適用に関する通則法」が，法律行為，契約について当事者自治原則を採用しているから，当事者が準拠法条項などで指定する国，地域の法律があればこれが適用になる。

　CISGはこうした国際私法の準則によることなく，同条約1条が定める適用基準によって適用される。すなわち，CISGは，営業所が異なる国に所在する当事者間の物品売買契約について，(a)これらの国がいずれも締約国である場合，または(b)国際私法の準則によれば締約国の法の適用が導かれる場合に「適用」される。

　この場合，CISGが「適用される」とは，法廷地の裁判所が適用すべき義務を負うことを意味する。日本においては，条約は公布によって国内的効力を有し，直接適用可能（self-executing）な条約であれば，国内立法措置を講ずることなく国内で条約を直接適用することができる。

　いま日本と中国の企業間での国際売買取引を例に考えてみる。この場合，日中企業はそれぞれの国に「営業所」をもつ。CISGにいう「営業所」（place of business）に該当するためには，独立した法人格は不要だが，①恒久性または継続性，および②独立性を備えている必要がある。

　見本市のブース，交渉のために出向いた出張先の貸会議室などは恒久性または継続性を欠き，また駐在員事務所を相手国内にもつとして

も，親会社からの指示を相手方に取り次ぐにすぎず独立性を欠く。当事者が複数の営業所を有する場合は，当該契約およびその履行に「最も密接な関係を有する営業所」(10条(a)) を基準に考える。中国は，1986年にCISGに署名しており，日中両国とも締約国であり，CISG 1条の適用基準を満たすこととなり，締約国の裁判所はCISG 1条に基づいて直接本契約を適用する。

CISG 1条(1)(b)は，当事者の一方または双方が締約国に営業所を有しない場合でも，法廷地の国際私法の準則によれば締約国の法を適用すべきときは本条約が適用されるとするが，この場合の本条約の適用は，国際私法の準則が指定したからではなく締約国の義務による自国法としての適用である。

締約国は，CISG 1条(1)(b)に拘束されない旨の留保を宣言することができ，中国はこの留保宣言を行っているが，日本は行っていない。また，以上の適用基準と関係なく，当事者は合意によってCISGの適用を排除できる（6条）。この場合，CISGに代わり国際私法の準則によって決められる準拠法が適用される。

◆ CISG35条と契約不適合の判断

2020年4月から全面施行になった改正民法（債権関係）は，グローバル性のある内容に刷新するため，貿易取引のグローバルルールというべき，CISGの規定をいくつか取り入れている。その代表例が，「物品の契約適合性」についての35条である。

CISGには瑕疵担保責任についての規定がなく，瑕疵担保責任という考え方をとらず，売主の債務不履行のなかで一元化して論じようとしている。

CISG35条は，売主側の物品引き渡し義務の内容として「物品の契約適合性」につき以下のように規定をしている。英語正文と日本文を以下に掲げる。

Article 35

(1) The seller must deliver goods which are of the quantity, quality and description required by the contract and which are contained or packaged in the manner required by the contract.

第35条

(1) 売主は，契約に定める数量品質及び種類に適合し，かつ，契約に定める方法で収納され，又は包装された物品を引き渡さなければならない。

　ちなみに，CISG35条は，第3部「物品の売買」，第2章「売主の義務」，第2節の冒頭に収められており，同節のタイトルは "Conformity of the goods and third party claims"「物品の適合性及び第三者の権利または請求」である。

　改正前民法の下で債務不履行とは別に瑕疵担保責任が問題となりえたのは，とりわけ物品の品質，種類の不適合についてであったが，CISG35条(2)は，当事者間に別段の定めがない場合には，次の基準によって契約適合性を判断するとしている。

① 通常使用されるであろう目的への適合
② 特定の目的 (particular purpose) への適合
③ 見本またはひな型 (sample or model) への適合

　このようなCISG35条の内容をみると，品質などの保証 (warranty) についてのアメリカ統一商事法典 (Uniform Commercial Code : UCC) の規定とよく似ていることに気づく。

　とくに，CISG35条(2)への判断基準は，それぞれ，商品性，特定目的への適合性の黙示の保証，および，見本・ひな型に適合していることの明示の保証に係るUCC§2-314(2)，§2-315，および§2-313(2)の

各規定に対応している。

　CISGはこの関係で，いわば英米法的な規定をしていることになり，大陸法をベースにする改正前民法の内容とは大きく異なるといわなくてはならない。

　債務不履行責任の他に瑕疵担保責任を置く改正前民法のほうが買主の救済に厚いとは限らない。売主の瑕疵担保責任の改正前民法570条は不特定物売買には適用されないとするのがそれまでの通説的見解であり，CISGの対象にする貿易取引のほとんどは不特定物売買であるから瑕疵担保責任の追及は認められなかった。

　不特定物売買ならば完全な物品の引き渡しを請求でき，債務不履行を理由とする契約解除や損害賠償の救済を受けられるからというのが理由であった。

　また，改正前民法下では，債務不履行の救済といっても契約義務の不履行（不完全履行）が，「契約不適合」ほど容易には主張できなかった。

　グローバルサプライチェーンをつくる各売買契約のほとんども，不特定物売買である。調達者（買主）側に立って，売主の担保責任を追及しようとしたら，「通常」および「特定」の調達目的をなるべく具体的に契約中に書いておくことである。

　そのためには，契約ごとに，「前文」と「目的条項」をしっかり記載し，あわせてCISGに沿って「見本」や「ひな型」との適合性も個別に判断できるようにしておくべきである。

③ 調達契約における品質管理に関する条項

◆ サプライチェーン契約と調達契約の関係

　　サプライチェーンでいま最も求められるのは，経済安全保障の視点から，重要物資の安定的な供給を受けられるようにすることである。

　　食料や医薬品などの安定供給は，国民の安全・安心に直結する重要課題である。強靭なサプライチェーンを，個々の企業が原材料などの，調達契約を通じて達成すべき課題といってもよい。

　　サプライチェーン「供給網」は，供給サイドに着目した言い方になっている。ただ，供給品に付加価値をつけて製品化し，消費者のもとに届ける一連のバリューチェーンとしてのプロセスは，調達のための契約のつながりとみることができる。

　　そうした調達契約においては，最終製品につき責任を負うべきメーカーとしては，原料や部品の品質に最も気をつかう。一定の品質を備えた原料や部品をコンスタントに確保するための調達契約の条項づくりがポイントになる。

◆ 調達契約と取引基本契約の異同

　　サプライチェーンをその「前半部分」で構成しているのは，調達目的の個々の取引基本契約である。通常の売買契約と違うのが，調達目的をはっきり示し，確保できるようにする条項内容を強調する点である。

　　調達者である買主が，設計図，仕様書，あるいは見本をあらかじめ交付しておき，それに忠実に則って，売主が部品をつくり納入するといった内容であれば，請負契約的要素が入り込む。その場合，調達契約が売買契約をもとにした，請負契約との混合契約となる。

いずれの場合であっても，サプライチェーンを構成する各契約は，後述するような，調達目的や品質管理のため特別な書き方の条項を含む取引基本契約の一種である。

　取引基本契約をサプライチェーン契約のベースに使う意味を考える。通常の売買契約を例にとると，目的物を売り渡し，代金を受領して"一回限り"で終わるのがほとんどである。これだと，長期間にわたり主力製品の原材料や部品を安定的に調達するための取引には向かない。

　そこで，たとえば，5年間，毎月，個別契約で合意した量の原料をコンスタントに納入することを内容とするような，取引のベースになる基本契約を取り交わしておくのである。

　ただ，取引基本契約書は，売買契約や供給契約そのものではない点に注意をすべきである。取引基本契約には，売買契約の「要素」である，何（目的物）をいくら（代金）で売り（買い），引渡場所，時期は，といった取引条件は，書かない。上記の例であれば，毎月の個別契約に書かれるからである。

　重要なのは，取引基本契約と個別契約間の，適用上の優劣関係を明確にしておくことである。内容的には，個別契約は売買契約の要素に当たることを書く注文書のようにし，EDI（電子データ交換）によることもよくある。取引基本契約書には，売主側の契約不適合責任や紛争処理などに関する一般的条項を書き入れる。

4 品質，規格，認証に関する規定

◆ 品質，規格の維持に関する条項

　　品質管理のための規定には，品質，規格の維持に関するものと検査
に関するものとの2通りがある。

　　品質管理については，たとえば「品質」あるいは「品質管理」の表
題のもと，以下のような規定をおく。

　　　　供給者は本契約の下で提供される供給品が良好な品質のもので，
　　かつ買主の製品規格および仕様書に合致し，買主が本契約の下で提
　　供するすべての図面，仕様書，デザインその他の情報に従ったもの
　　であることを約束する。

　　また，買主（調達者）の示す一定の品質基準への適合性をより明確
にする，以下のような規定例もある。

　　　　売主は，発注書の一部となっている買主の品質調達仕様書シリー
　　ズに従った品質管理システムを提供し維持しなくてはならない。

◆ 調達者（買主）による検査権を規定する条項

　　こうした品質保持義務を売主や製造者に課すとともに買主（調達者）
の検査権をあわせて規定することが多い。その場合，以下のように，
やや抽象的に検査権を規定するだけのこともある。

(ⅰ) もし売主が本契約中に明記された期限内あるいはその延長された期限内に供給品の引き渡しをしなかったとき,

(ⅱ) または適時の引き渡しを危うくしたときは,

買主は各個別契約の全部または一部を解除することができる。

◆「法的な品質」の規格, 認証の維持・管理

　　サプライチェーンを成す調達契約において目的物の品質維持・管理のもつ意味は大きい。一定水準以上の品質を維持するためには, 個々の契約が求める仕様書や規格に合致し,「契約適合性」をもつことが重要になる。

　　規格としては, 当事者レベルの規格とともに, JIS規格やISO規格のような, より普遍的で国際的な内容の規格を示すのがよい。それに合致したことの国際認証取得を, 契約で供給者に義務づけるためである。

　　近時, サプライチェーンの危機的状況下で, こうした「規格」や「認証」が法的な意味をもつように変わってきた。技術的な意味での規格, 認証の重要性は変わらないものの,「紛争木材」の国際認証問題が象徴するように, 人権尊重など法的な基準クリアを重視するようになったからである（65頁, 139頁参照）。

　　契約適合性の基準がもつ法的意味は, 本書75頁以下で詳しく説明するとおりである。

5 調達契約における "約束" 条項

◆ サプライチェーン契約における人権尊重

いまサプライチェーンの「クリーン度」が問われている。なかでも最重要テーマとして浮上したのが,「人権尊重」のサプライチェーンである（60頁以下も参照）。

供給者（サプライヤー）の原材料工場で強制労働による人権侵害が行われていたとなると,それだけでサプライチェーンはクリーンとはいえなくなってしまう。

問題は,人権侵害のないクリーンなサプライチェーンを実現するにはどうすべきかである。答えは,サプライチェーンをつなぐ各契約実務の行い方にある。すなわち,各契約を締結するにあたり,人権デューデリジェンスを励行するのが第一である。

サプライチェーン契約におけるデューデリジェンスの要求は,これだけで終わらない。

電子機器には少量だが使われ,紛争鉱物規制の対象にもなっている金（ゴールド）を例に考えてみたい。

当事者関係を単純化して,下図のように,原材料供給者(A)から製品製造者(B)が原材料を調達する契約を取り交わすとする。Bは,Aを供給者に選びこれと契約するにあたっては,事前に,Aの精錬工場で強制労働などの人権侵害を行っていないことを確認し,これを契約中で

"約束"してもらう必要がある。

このための契約条項が，表明・保証条項である。同条項の意義と機能・役割は，このあと詳述するが，"約束"のためのもうひとつ忘れてはならない条項がある。誓約条項がそれであり，同条項の役割，機能についてもこのあと詳述する。

2つの"約束"条項の違いは，以下のとおりである。表明・保証条項の場合，契約締結時点における事実についての表明をし，表明者自身が内容の正しいことを保証する。これに対し，誓約条項においては，将来において何かをする・しないことを約束する内容を原則とする。

◆ 表明・保証条項の意義と機能・役割

表明・保証条項は，M&Aのための契約をはじめ，さまざまな契約に定番的に入る。サプライチェーン契約においても重要な役割を果たす。

表明・保証条項は，もともと英米法下のプラクティスで使われてきたものである。日本の民法や商法の規定に根拠があるわけではない。

そのため，表明・保証条項が日本私法の下でどのような法的性質をもつかについては，解釈論が展開されてきた。

第一は，表明・保証の責任を債務不履行責任として構成する考え方である。

第二は，表明・保証による補償条項を入れることで一種の損害担保契約が成立するとみる考え方である。

実務界では第二の考え方が有力なようだが，これは表明・保証違反を担保事故ととらえた上で金銭による損害担保の履行責任を定めたものとする。

問題は，2017年改正後の民法下で，表明・保証違反があった場合の効果をどう考えるかである。

表明・保証違反は，不実表示とみられる。相手方の不実表明があると「法律行為の基礎とした事情」についての当事者の認識が形成され，これに基づいて意思表明がなされたことになる。

民法は，錯誤を表示の錯誤と動機の錯誤に区別し，動機の錯誤については，「その事情が法律行為の基礎とされていることが表示されてきたとき」にだけ取り消せる旨規定した。

　表明・保証違反の不実表示の場合，民法95条の下で，表意者に「その事情が法律行為の基礎とされていること」が黙示に「表示されていた」（同条2項）と解釈できることになる。

　したがって，改正後民法の下では，表明・保証違反に対し，錯誤による取消しをより主張しやすくなったと考えてよい。

　民法の下で，表明・保証責任が争われた裁判例は，少なくない。同責任を肯定した裁判例もあれば否定した裁判例もあるが，ここでは後者の例として東京地裁平成23年4月19日判決，判時2129号82頁を紹介しておく。

　同判決は，不実の情報開示があったとは認められないとして表明・保証責任を否定した。その理由は，株式売買契約上の表明・保証の対象事項について，契約を実行するか否かの判断に必要な情報が提供されていた以上，不実の情報開示には当たらないからというものであった。

　サプライチェーン契約における表明・保証条項の機能は，以下のように考えることができる。

　表明する内容は，契約時点における事実が中心である。サプライチェーンにおいては，85頁の図の原材料供給者Aは，原材料供給契約の相手方である製品製造者Bに対し，自社の工場や事業所で，強制労働のような人権侵害をしてこなかったし，契約時点においてもしていないことを表明する。

　これだけではなく，Aは，Bに対し，Aが各採掘業者と原材料である金（ゴールド）の原石を購入するにあたり，取引の前に採掘現場において強制労働などがないことを調査，確認するデューデリジェンスを行った事実も表明しなくてはならない。

　表明した内容に相違して，採掘事業者が採掘作業に児童を使っていた事実が判明すれば，AはBに対し，表明・保証条項違反として，契約は解除され違反で生じた損害を賠償しなくてはならなくなるであろう。

Bが製造し市場に流通させた商品を購入した消費者の団体が，大規模な不買運動を展開するかもしれないからである。

◆ 誓約条項の機能と役割

誓約条項が，コベナンツ条項と呼ばれ，企業間の契約によく登場するのは，金融ファイナンスの分野においてである。ただ，誓約条項は，サプライチェーン契約をはじめ，さまざまな分野の契約に使うようになった。

金融・ファイナンス分野でコベナンツ条項といえば，財務制限条項を指すように，ある一定の財務行動をしないこと，なかでも，借手の資産上に，担保権を貸手のための設定をしないことを意味してきた。

ただ，コベナンツ（covenant）は，もともと何かをする，あるいはしないのいずれについても，誓約の対象にする。サプライチェーン契約の場合，将来，何かをしないとの消極的約束というよりは，積極的に何かをするとの約束に使うことが多い。

いま積極的に何をすべきかといえば，サプライチェーン契約では，取引の相手方において人権侵害行為がないかどうかなどについて「デューデリジェンスをしっかり行う」ことである。加えて，その取引相手方が，サプライチェーン契約のつながりにおける前契約者について同様のデューデリジェンスを行うことを約束させる内容にすべきである。

デューデリジェンスの励行を中心とする約束条項も，過去と現在における約束および将来における約束の双方がセットになってはじめて機能すると考えられる。

ちなみに，コベナンツの元になっている英語のcovenantは，単なる「約束」というよりは，"格上の"「誓約」と訳すことが多い。旧約聖書のことをOld Covenant，新約聖書のことをNew Covenantということからもそれはうかがえる。また，英米契約法の下での捺印・正式契約のこともcovenantという。

6 原材料などの納入時期と不安の抗弁（権）に関する条項

◆ 納入時期に関する条項

　典型的なサプライチェーンの調達契約で，原材料や部品の調達者は，決まった時期に決まった量の，一定の品質を備えた原材料や部品がコンスタントに入手できることを最も重視する。

　コロナ禍パンデミックでは，グローバルなサプライチェーンが，都市封鎖や工場の操業停止によって，寸断された。これによって，日本企業の調達行動に多大の"誤算"が生じた。

　そこで，調達契約においては，供給者（売主）が，調達者（買主）との間で定めた納入時期を尊守する旨を明記したりする。ただ，これを定めるだけであれば，契約義務をそのとおり履行しますと約束するだけであって，別段の意味をもたない。

　意味をもたせるためには，たとえば，売買取引基本契約書中の債務不履行条項において，以下のように規定しておくのがよい。

　　　もし売主が本契約中に明記された期限内あるいはその延長された期限内に供給品の引渡しをしなかったとき，または……のときは，買主は各個別契約の全部または一部を解約することができる。

　さらに，解約事由のうちに，定められた履行を「危うくする」ことまで含めることによって買主（調達者）側の利益を守ることもある。

　これだけにとどまらず，解約したときは他の供給者を手配してでも生産者に支障のないようにしなくてはならない。そうした場合までも含めて，以下のように規定しておくならば周到である。

買主がこの契約を解約したときは，解約されたと同等の供給品ま
たは労務を調達することができ，売主は超過費用について責任を負
わなくてはならない。

◆ 不安の抗弁（権）に関する条項

　　調達者（買主）としては，適時に調達目的物が入手できないときは，
契約解除し，いわば供給者をタイムリーに入れ替えられるようにして
おく必要がある。さもないと，調達者の製造ラインまで停止させかね
ないからである。

　　そのため，調達の契約書には，調達者（買主）の側から，いわゆる
不安の抗弁（権）を出せるような条項を入れておくのがよい。

　　いわゆる不安の抗弁（権）について，民法や商法は，直接の根拠規
定を置いていない。とはいえ，日本で国内法的効力をもつ「国際物品
売買契約に関する国際連合条約（Convention on International Sale of
Goods: CISG，あるいはウィーン国際物品売買条約と略称する）」には，不
安の抗弁（権）についての規定がある。

　　同規程を参考に契約条項をつくるのがよい。

　　CISGは，国際物品売買契約に適用される。民法や商法の"特別法"
と位置づけられ，不安の抗弁（権）につき日本法に根拠規定が全くな
いわけではない。それに，私法の分野で日本法をいうときは，判例法
（case law）や慣習法（customary law）を含むのがふつうだが，不安の
抗弁（権）は，日本の民法や商法に規定されていないだけで，裁判例
においては，信義則（民法1条2項）を根拠に認めており，判例法に
なっている。

　　不安の抗弁（権）とは何かというと，「履行期が異なる双務契約に
おいて，後に履行をすべき者の財産状況などが悪化して，先履行義務
者が，反対給付を受けられないおそれがあるときに，相手方の債務の
履行または担保の給付を受けるまで，自己の権利の給付を拒絶できる
権利をいう」となる。ドイツ民法やスイス債務法には，この内容の明
文規定がある。

CISGには，ほぼ同趣旨の規定が入っており（同71条，72条），CISG第5章「売主及び買主の義務に共通する規定」，第1節「履行期前の違反及び分割履行契約」に収められている。

　同節のタイトルは，英語正文では"Anticipatory breach and instalment contracts"である。Anticipatoryは，一般的にも「先行の，先を走った」を表すため，「履行期前の違反（breach）」と訳したのであろう。

　CISG71条1項は，相手方の将来の履行に不安を抱く当事者において自己の義務履行を停止する（suspend）ことができるとし，同条2項は，すでに運送途上にある物品の買主への交付を妨げる権利を売主に与えている。同条3項は，相手方が履行について適切な保証（adequate assurance）を提供した場合は，自己の履行を再開すべき旨規定する。

　同72条は，履行期前に重大な契約違反発生が明確な場合，相手方は契約解除の意思表示ができるとする（1項）。その場合，適切な保証提供の機会を与えるため，通知が要求される（2項）。

　CISGの英語正文に基づき説明をしたが，日本で国内法的効力を与えられている"日本語版"は，英語正文からの訳出とは限らない。CISG本文末尾には，「1980年4月11日にウィーンで，ひとしく正文であるアラビア語，中国語，英語，フランス語，ロシア語及びスペイン語により原本1通を作成した」と書かれている。

　複数の言語の正文から和訳したものと推察できるが，たとえそうであっても，もし英文契約中に不安の抗弁権の条項を書き入れようとしたら，まずはCISGの英語正文を参考にすることをおすすめする。

7 準拠法条項

　本書がサプライチェーン契約として取り上げるのは，主に国内契約であって，国際契約ではない。

　とはいえ，資源に乏しく，とりわけモノづくりのための原材料を海外からの輸入に頼らざるをえない日本では，サプライチェーン契約には，どうしても国際契約が組み込まれることになりがちである。そのため，国際契約と国内契約の連鎖を，シームレス法務の視点で扱うことを提唱したい。

　国際契約には，一般条項として準拠法条項を入れるのがふつうである。たとえば，甲国のA社が，乙国のB社から，あるモノの原料を調達するとしよう。A社では，その原料を用いて製品をつくるなどしてサプライチェーンに乗せ，甲国市場で流通させている（下図参照）。

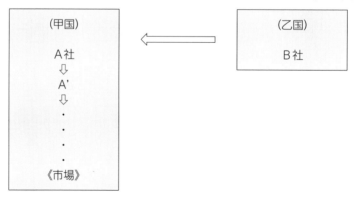

　AB間の輸出入契約は，国際物品売買契約としての貿易取引である。甲国と乙国は，それぞれ別個独立の法制度をもつので，甲国法，乙国法，あるいは，これ以外の第三国法を契約準拠法とすべきかにつき，

契約中にAとBが合意しておければ，それが望ましい。そのための合意を示すのが準拠法条項である。

　国際契約の締結交渉となると，いずれの国の当時者も，自国法を準拠法に指定したいと主張し，譲らないことがよくある。いわゆる「準拠法の綱引き」である。

　国際取引を代表する貿易取引のほとんどを占める国際物品売買契約がこれでは，契約締結交渉がスムーズに運ばず，物流も滞ってしまう。そのため，「準拠法の綱引き」をやるためにも，できたのが，上述した国際ルールである，国際連合の国際物品売買契約に関する条約（通称，ウィーン国際物品売買条約）である（75頁以下参照）。

　国際条約と国内契約では，州ごとに法制度が違うアメリカ合衆国内の契約を除き，契約準拠法を合意によって指定しないのが通常である。

　だが，サプライチェーン契約においては，国内契約であっても，準拠法条項を設けておいたほうがよい。その理由は，以下のような日本におけるサプライチェーンのもつグローバルな性格からくる。

　日本企業の調達・供給網のうち1本のチェーンを取り出して考えるならば，その一部である部品供給契約が国内契約であったとしても，他の一部は国際契約であることは少なくない。

　そのサプライチェーンをつなげる契約を，最終製品メーカーの属する国の法律の下で，サステナブルに強化するとの，シームレスな統一方針に沿い，締結するには，各契約すべてに「日本法を準拠法とする」のように明記したほうがうまくいくであろう。

　また，形のうえでは日本企業同士の国内契約になっていたとしても，サプライチェーン契約の場合，契約の相手方が，外国企業の日本法人であることがめずらしくない。法適用上のあいまいさをなくす意味でも，準拠法条項を入れておくのがよい。

　なお，準拠法条項によって契約当事者が指定できる準拠法は，実体私法である。したがって，かりに日本国内のサプライチェーン契約の準拠法として外国法を指定したとしても，独占禁止法や下請法といった強行法規が適用されうるので，注意が必要である。

また，データサプライチェーン契約の場合，たとえば，EUのGDPR
（一般データ保護規則）の域外適用がありうる点に注意しなくてはな
らない。この場合も，契約当事者による準拠法指定には縛られない。
　EUのGDPRは，EUにおける個人情報保護法的法規である。その性
格は，行政法規的規制法であるから，契約当事者が合意で決められる
準拠法には入らない。

8 紛争処理条項

　契約当事者間で，契約条項の解釈などをめぐる法的なトラブルの発生はありうる。その場合にそなえ，法的トラブルをどのように処理，解決すべきかの手段・方法について規定するのが紛争処理条項である。

　手段・方法は，大きく「当事者間の協議・話し合い」，「第三者を介在させての解決」に分けられる。前者は，きわめて日本的な「話せばわかる」式の紛争解決方法といってもよい。昔から日本の国内契約によく入る「別途協議条項」や「円満解決条項」が典型例である。

　サプライチェーン契約は，形式上は国内契約であっても，内容的にグローバルであったり，グローバルサプライチェーンの一部であったりするので，こうした紛争解決方法に期待しすぎるのはよくない。

　「第三者介在型」の紛争解決には，第三者に最終的な解決まで委ねてしまうやり方と，第三者が間に入り，"和解案"を勧めたりするやり方とがある。前者には，裁判や仲裁があり，後者には，調停やあっせんがある。

契約にかかる紛争処理方法の分類

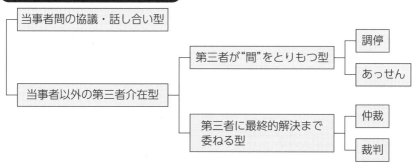

◆ ADRとサプライチェーン

　サプライチェーン契約は，ほとんどが企業間の取引である。刻々と変わる国際契約環境などをつねに意識しながら，法的トラブルは，スピーディに，かつサステナブルで柔軟に解決することをとくに優先すべき分野の契約といえる。

　そうなると，比較的に"ハード"で，上訴手続まで考えると，時間がかかりがちの裁判・訴訟よりは，仲裁，さらには，調停やあっせん型のADR（代替的紛争処理）を優先させるべき分野であろう。

　加えて，モノづくりのサプライチェーンであれば，最終製品メーカーの調達や流通についての基本的な考え方に沿って，調達契約などを取り交わしていくべきである。

　ADRは，裁判・訴訟によらない紛争処理方法の総称である。日本の"ADR元年"は，いわゆるADR法（裁判外紛争解決手続の利用の促進に関する法律）が施行になった2007年とされる。

　ADRは，alternative dispute resolutionの略で，法律名のとおり，訴訟手続外の代替的紛争解決方法を指す。本法は，「裁判外紛争手続」を「訴訟手続によらずに民事上の紛争の解決をしようとする紛争の当事者のため，公正な第三者が関与して，その解決を図る手続きをいう」（1条）としている。

　ADRには，民事調停に代表される司法型，労働紛争調停に代表される行政型，および弁護士会の仲裁センターなどによる民間型がある。本法のうち，基本理念や国などの責務を規定した第1章「総則」は，これら3つのタイプいずれにも適用がある。第2章以下の「認証制度」にかかわる部分については，民間型の「調停，あっせん」のみを対象とする。

　というのは，民間紛争解決手続を業として行う者は，その業務について法務大臣の認証を受けることができるとされる（5条）。「民間紛争解決手続」とは，民間事業者が，紛争の当事者が和解をすることができる民事上の紛争について，紛争の当事者双方からの依頼を受け，当該紛争の当事者との間で契約に基づき，和解の仲介を行う裁判外紛

争解決手続をいう。

基本理念と国などの責務についての規定を除く本法の主たる規定は「認証制度」に関してである。認証制度を新たに導入する目的は、「民間紛争解決手続」の利用促進にある。

国民による利用を促進するために、国民が解決手続を選びやすいように選択の目安を提供するとともに弁護士以外の専門家の活用をはかるのが同制度の内容である。

認証は、公益法人、NPO法人のほか、社団性のある任意団体から社団性のないグループまでひろく受けられる。

認証の基準としては、本法6条が「専門的な知見を活用して和解の仲介を行う紛争の範囲を定めていること」など16項目を規定している。民間紛争解決手続実施者が弁護士でない場合において、専門知識を必要とするときは、弁護士の助言を受けられるようにするための措置を定めていることの基準を含む。

民事的な紛争の解決にあたる「第三者」は、当事者から中立、公正な立場をもった者でなくてはならない。この点、裁判官は、特別な場合を除き法律の専門家であっても、当事者の属する業界の取引慣行には疎かったりする。

ビジネス界における法的トラブルの解決には、商慣習が基準・ルールとして大きな意味をもつ。そこで、商法1条2項が、商事に関しては、商法に定めがない事項については商慣習が適用され、商慣習がないときには、民法の規定によると定める。

この業界慣行ないしは商慣習についての専門知識がトラブル解決に要求される事案においては、裁判・訴訟よりも、ADRが向いていることが多い。

商慣習・業界慣行が問題になったケースとは違うが、2011年3月の東日本大震災の後に、行政ADRとして設置された「原子力損害賠償紛争解決センター」では、まさに専門性、迅速性を重視した紛争解決が行われた。

また、特別に専門知識を要求する業界では、業界ごとのADRセン

ターを設けている。たとえば，2010年10月から金融ADR制度がスタートしたことを受け，法令に基づく「指定紛争解決機関」として「そんぽADRセンター」が，一般社団法人日本損害保険協会に設置された。

　サプライチェーンの契約トラブルはどうであろうか。これについてのADRセンターはまだつくられてはいないようであるが，紛争解決には物流，ロジスティクス，データ提供など，かなり高度な取引慣行の専門知識を要するのはたしかであろう。

　重要物資のサプライチェーンの強靱化が，経済安全保障上，喫緊の課題となったいま，公的なサプライチェーンADRセンターを設置すべきではないだろうか。

　ただ，サプライチェーンのトラブル解決にも，訴訟による紛争処理を優先するのであれば，裁判管轄条項を入れ，管轄合意をする第一審裁判所は，最終製品メーカーの本拠地の地方裁判所とするのがよいであろう。

　ただ，あまりに一方的な内容の紛争解決地の"押し付け"ととられ，優越的な地位の濫用にならないようにしなくてはならない。

◆ "司法ナショナリズム"を避けるための仲裁合意

　シームレスなサプライチェーンで，国境を超えて原材料の調達契約の連鎖をつくっていくと，外国での訴訟で訴えられるリスクが生じる。

　外国で訴訟を闘うことの困難さに加え，このリスクには，いずれの国の裁判制度にもつきものの"司法ナショナリズム"が含まれることを忘れてはならない。

　仲裁は，ADRの１つだが，訴訟に代替する紛争解決手段として，とくに仲裁の結果下される仲裁判断は，確定判決と同じく執行できる利点をもつ。

　契約当事者間では，あらかじめ，訴訟によらず仲裁で紛争を解決するとの合意をしておくことができる。そのための条項が「仲裁条項」である。仲裁合意は，裁判を受ける権利を放棄する意味を持つので，有効に仲裁合意をしておきながら訴訟を起こせば，妨訴抗弁が出て訴

えは却下になる。

"司法ナショナリズム"は，近年，隣国における「徴用工裁判」や日本国に戦争による損害賠償を命ずる判決例など，政治色を強く反映したかたちで目立つ。「一国二制度」は風前の灯になったとされる英国の旧植民地，香港にあっては，民主化運動のリーダーが，刑事裁判で有罪判決を受けたりしている。

もともと裁判には，民事，刑事を問わずナショナリスティックな面がある。それは，ほとんどの国で裁判官はその国の国籍をもつものとするからでもある。

スポーツのナショナルチーム同士の試合は，当事国以外の，第三国のレフリーが"裁く"べきとされるが，国際訴訟を一方当事者と同じ国籍の者が裁くとしたら，そうした慣行に明らかに反する。

加えて法治先進国とは到底いえない新興国や暫定的にせよ軍事政権下にある国，社会主義国などにおいては，司法権の独立，とくに裁判官の独立がしっかりとは保障されておらず，行政・執行を忖度し，ときに政権の意向に沿った政治的な判断を下すことにもつながりやすい。

裁判手続は，その国の公用語で行われるのが常であるため，多くの場合，英文契約を証拠にするのでも現地語に翻訳したものと一緒に提出する必要がある。

この点，仲裁は，仲裁人（arbitrator）の国籍や，手続言語を英語にすることができるなどさまざまな点で，グローバル性が尊重されており柔軟である。

〔裁判例〕

> 日米企業間のパソコン用部品供給契約に関する紛争において，調達者の米企業
> による優越的地位の汎用に基づく損害賠償請求の準拠法がカリフォルニア州法
> とされた事例（東京地判令和元年９月４日，判タ1493号236頁）

〔事案〕

　　カリフォルニア州を本拠とするＹインコーポレイテッドが製造・販
売するパソコン用部品の製造・供給を継続的に行う株式会社Ｘが，Ｙ
販売のパソコンの部品を開発の上，Ｙの要請に従って量産体制を整え
たにもかかわらず，Ｙから同部品の発注を突然停止されたなどと主張
して，Ｙに対し，債務不履行または不法行為に基づく損害賠償請求の
訴えを起こした。

〔判旨〕　請求棄却（Ｘ控訴後，原判決取消し，訴え却下，控訴棄却。上
告・上告受理申立て）

①　……本件準拠法条項によれば，原告及び被告は，本件MDSA
〔Master Development and Supply Agreement〕に基づく原告及び
被告の権利義務の準拠法としてカリフォルニア州法を選択したもの
と認められる。原告が主張する債務不履行に基づく損害賠償請求の
内容は……本件MDSAに基づく権利義務にほかならないから，そ
の準拠法は，通則法７条によりカリフォルニア州法となる。

　　……原告は，被告との国で本件MDSAを締結するに先立ち，本
件準拠法条項を含め，その内容について検討したが，被告に対して
特段の意義を述べなかったものであることが認められる。また，原
告が資本金9000万円（平成26年当時）のいわゆる中小企業であるの
に対し，被告は日本でも事業を大きく展開する世界的な大企業であ
るが，本件全証拠によっても，被告がその優越的地位を濫用して本
件準拠法条項を定めたとは認められないし，そもそも，原告におい
てカリフォルニア州法の調査及び検討をすることが特に困難である
ことが窺われるような事情はなく，法令調査及び検討の負担をもっ

て直ちに原告に対して過大な負担を課すものとはいえない。そして，日本法とカリフォルニア州法それぞれの内容を比較して，カリフォルニア州法が原告にとって特に不利な内容を定めていることを基礎付ける事情もない。

② 原告の主張する本件各不法行為の内容は，……いずれも，本件MDSAの趣旨及び目的や，本件MDSAに定められた各条項が原告及び被告に課す義務の内容に照らし，被告が原告に対して負うべき義務の範囲を画することによって，不法行為該当性を判断することが可能になる……。

③ 原告が本件各不法行為における被侵害利益として主張する上記権利利益の存否及び内容は，それに対する侵害の問題と表裏一体の関係にあるということができ，同権利利益の存否及び内容そのものが独立の問題となることが考えられないものである。そうすると，原告が被侵害利益として主張する上記権利利益の存否及び内容は，……それとは別に準拠法を定めるべき場合には当たらないというべきである。

よって，本件各不法行為によって侵害される権利利益は，本件各不法行為に基づく損害賠償請求とは別個に準拠法を定めるべきではなく，上記権利利益の存否及び内容を含む本件各不法行為に基づく損害賠償請求全体について，通則法20条により，カリフォルニア州法が準拠法となるというべきである。

〔本事件の教訓〕

　債務不履行とともに不法行為にも当たるとして，いわゆる請求権競合が生じた場合に，法の適用に関する通則法20条を適用し，原告（X）主張の各不法行為や開発・供給基本契約（MDSA）の趣旨，目的を考慮の上，カリフォルニア州法を準拠法とした。

　日本企業（X）からパソコンの部品を調達した米企業（Y）は，いわゆるGAFAの一角を占める世界的な大企業である。それもあって，X（原告）により，Yの優越的な地位の濫用などによる債務不履行・

不法行為に基づく損害賠償請求がなされた。

Xによる債務不履行の主張は、取引基本契約（MDSA）による、継続的関係の解消は、日本法上信義則上やむをえない事由を要するとの「継続的契約の法理」に基づいていた。しかし、MDSAには、準拠法としてカリフォルニア州法を指定する条項が入っていた。

そこで、Xは、同条項はYの優越的地位の濫用に基づき、合意の意思形成過程に瑕疵があるため無効であると主張した。

不法行為に基づく損害賠償請求については、MDSAとは切り離して準拠法を決めるべきとXは主張した。

判決は、上記判旨引用のとおり、いずれの請求についても準拠法はカリフォルニア州法であるとし、そのうえで、原告Xは、「本件各不法行為における被侵害利益の存在及び内容について、カリフォルニア州法に基づく主張立証をしないから」との理由で、不法行為の成立を否定した。

日本の独占禁止法の下における優越的地位の濫用禁止の規定は、カリフォルニア州法の下でこれに相当する規定は見つけられない。

グローバルなサプライチェーンの契約における準拠法の指定においては、日本法とする主張を安易に譲らないことである。

第3章　流通・販売段階の場合

1 流通システムと契約

◆ サプライチェーンと流通チャネル

　　流通は，商品を生産者から需要者・消費者に届けるために移転する
プロセスである。近時の経済社会全体のサービス化，また，データ取
引の活発化を受けて，サービス移転，データ移転もこの流通の内容に
含まれると考えてよい。

　　多様化のなかで，対象物が何かによって流通のプロセスは変わりう
る。商品の種別によっても変わるので，関係する企業を有機的に結び
つける，商品移転の社会的仕組みが，ますます重要になってくる。

　　サプライチェーンは，原材料の調達から製造までの"前半"部分と
製造・生産者から需要者・消費者に製品・商品を届ける"後半"部分
とに分けられる。"前半"と"後半"のそれぞれにつき，供給の連鎖
をなす契約につき，書式とともに解説するのが本書の目的である。

　　流通・販売させる商品にもよるが，"後半"における契約は，どの
ようなマーケティング・チャネルを選ぶかによって異なる。

　　マーケティング・チャネルの代表例は，卸売業者である。代理店や
特約店に指名し，製品・商品の流通を任せる代理店・特約店制度は，
従前よりよく使われてきた。大規模な製造業者の場合，自社グループ
内に卸売業の子会社を持つことがある。

　　チャネルのメンバー企業間を製品・商品の所有権が移転して需要者
に届くまでのフローは，通常の場合，次頁の図のようになる。

　　供給契約は，所有権の移転を目的として行うのであるが，物資の実
際の移転が所有権の移転と同じとは限らない。いわゆる商物分離の形

態を取り，製品・商品は卸売業者を通さず，直接，製造業者から小売
業者へ移転することがあるためである。

　流通システムを"合理化"，"中抜き"するために，卸売業者を"外
し"，商流・物流ともに製造業者→小売業者→消費者と流すことも多
くなった。

◆ 物流，商流，情流，金融

　流通には，需給接合機能，物流機能，情報機能，および金融機能が
ある。各機能ごとにサプライチェーンの強化に向けた法的課題がある。

　需要と供給を結びつけることによって，契約による所有権の移転を
はかろうとする。そのため，取引条件の交渉が，価格についてだけで
はなく，品質や納期などについても製造者・生産者と流通業者との間
で行われる。代金の一部を手数料や謝礼の名目で，仕切り価格とは別
に，取引先の流通業者にリベートを要求する小売業者もある。

　なかには，占有度リベートといって，流通業者の一定期間における
取引額全体に占める製造者の製品・商品の取引額の割合いに応じて供
与されるリベートもある。この場合，市場における有力な製造業者が
占有度リベートを供与することで，流通業者による競争品の取扱いを
制限することになるおそれがあるため，独占禁止法上は，不公正な取
引方法として禁止される。

　物流で，サプライチェーン強化に大きく関わるのは，なかでも「在
庫管理」機能である。在庫管理の目的はコストの低減にある。とくに，
食品のように賞味期限や消費期限のある商品の場合，過剰在庫に陥る
と，廃棄処分せざるをえなくなってしまうことがある。

　小売業者は，市場における販売動向などの情報を不断に生産者・製

造業者に伝えるようにしなくてはならない。逆に，生産不足や供給不足に陥ってサプライチェーンの寸断を招かないようにするための情報提供も欠かせない。

　こうした情報提供は，サプライチェーンの強化に向け，最も重要な機能である。ITを活用して，流通チャネルの他メンバーにも，商品の効率的な流通に必要な情報を提供すべきである。

　IT活用例としては，商取引における情報の統一・標準化のためのEDI（電子データ交換），小売業におけるPOSシステムやポイントカードによるCRMもある。また，インターネットを使った，サプライチェーン・マネジメント（SCM）の高度化は，ますます重要になっている。

　いまは，右肩上がりの高度成長期のように，モノをつくればつくっただけ売れる時代では，とっくになくなっている。オイルショックやバブル崩壊，リーマンショック，デフレ下のマイナス金利時代を経て，消費者の価値観は多様化しつつ，大きく変化してきた。

　価格が低いか高いかよりも，高くても環境にやさしいかどうかで商品を選ぶ消費者はふえた。また，スーパーで食品を購入する際は，消費期限が迫っており，割引になっている商品だけを選ぶ消費者もいる。誰も買わなければ，廃棄され食品ロスがふえるだけだからである。SDGsのGoal 12の影響も見逃せない（34頁参照）。

◆ 小売形態とチャネルリーダーの選択

　サプライチェーンの"後半部分"においては，いくつもの流通業者が「マーケティング・チャネル」と呼ばれる流通経路をつくる。

　生産者・製造業者からすると，いずれの流通経路によるかの選択は，サプライチェーン全体の改善，強化にとってきわめて重要である。

　「チャネル」は，伝統的には製造から販売までの流通段階が，統率されず独立した生産者・製造者，卸売業者，小売業者で構成される形態をとっていた。

　これに対し，比較的に新しいチャネル形態は，チャネルメンバーを

統率するチャネル・リーダーを定め，その統率のもとマーケティング・チャネルが一体となって，最適な消費者対応をめざす。キーポイントになるのは，チャネル・リーダーに，どの企業がなるかである。

サプライチェーン強化の視点からすると，その"前半部分"と"後半部分"を中心的に"支配"できる製造業者がリーダーになるのがよさそうである。自動車産業においては，この形態が系列型の企業グループによってつくられる例が多い。

一方，小売や外食の業界では，消費者のより近くにいて，市場の最新情報を最も集めやすい小売業者がリーダー的に，サプライチェーンの"後半部分を支配"することが多くなった。その際に，"支配の手段"として決め手になるのが，データである。すなわち消費者と市場のデータをビッグデータとして収集し，加工し，他のチャネルメンバーに提供できる企業がサプライチェーンを支配できるのである。

垂直型マーケティング・システムには，法的にも，資本をもつことで統合をはかる「企業型システム」，契約によって統合をはかる「契約型システム」，および，市場に対してもつ大きな影響力によって統合をはかる「管理型システム」があるとされる。

「契約型システム」は，フランチャイズチェーンに代表される。本書の目的から最もふさわしいと考えられるエリアフランチャイズ契約の書式例を218頁以下に収めた。

◆ 販売代理店契約の意義と機能

流通は，生産者から消費者までの販売過程をいう。サプライチェーンは，製造にいたるまでの生産過程での契約の連鎖と，製造した商品を流通プロセスに乗せ消費者のもとに届けるための契約の連鎖の組み合わせである。

製造者・生産者が製造物（商品）をある市場で販売しようとしたら，販売店あるいは代理店のようなマーケティング・チャネルの力を借りるのがふつうである。販売店も代理店も，商品の製造者と最終需要者・消費者との間をつなぐパイプ役として共通した役割を果たす。法

律的には両者の地位は明らかに区別すべきである。

　実務の世界では，たとえば家電メーカーが，一定の地域で，販売店
や代理店の流通業者を通じて市場への商品流通をはかろうとするとき
は，製品ごとに販売店方式と代理店方式を使い分けることがある。契
約としては，製品ごとに取引基本契約を締結することはせず，抱き合
わせて販売代理店契約に一本化したりする。

◆ 販売店と代理店のちがい

　製造者・生産者としては，商品である製品を市場に流通させるため
に，"専門業者"である販売店や代理店を使う。両者は，実務上「販
売代理店」とまとめて称することがあるように，経済的機能は似通っ
ている。

　しかし，法律的には，契約中においても，下記のとおり，両者は明
確に区別して扱わなくてはならない。

　実務には販売代理店と一括して呼ぶことがよくあるし，また販売代
理店契約と称して，販売店と代理店の区別を明確にしないこともよく
ある。しかし，法律的には，販売店と代理店は区別して考えなくては
ならない。

　販売店は，メーカーなどから自己のリスクで商品を買い取り一定地
域内で再販売する。売主との間では，売り切り，買い切りの関係に立
つのが販売店であり，これを置くための契約が販売店契約である。

　これに対し代理店は，より厳格な法的意味を付与されたものである。
つまり，本人であるメーカーなどから代理権限を付与されてその授権
に基づいて代理店は行動する。代理店契約は，そうした本人と代理店
との間の授権・内部関係を規定したものであって，本人と代理店（人）
の間で商品の売買が行われるわけではない。

　本来の代理店の任務は，売主に代わって商品を売り込むサービスを
行い，その対価としてコミッション（報酬）を受け取ることである。
代理店は，輸出者・売主のいわば手足として働くものであって，自己
のリスクで商品を在庫として抱えこむといったことはない。

このように販売店と代理店とは法律的には明確に区別されるので，販売店に指定するのかそれとも代理店に指定するのかを契約上明確にしておく必要がある。販売店と代理店両方の地位を併せもたせるようで，はっきりと区別しない契約をよく見かけるが，販売店のつもりでいたら代理店としての法的効果を主張されることになるといったくい違いが生じないようにすることが重要である。

◆ 販売店としての法的地位を明確にする契約条項

代理店との区別という意味もあって，販売店を置く場合には，契約中でその地位をより明確に示さなくてはならない。これに関しては，①代理関係その他からの区別，および②独占・一手販売権を与えるかどうかという2つのポイントがある。

販売店契約には，「契約関係」と題して以下のような規定を置くことが多い。

> *本契約によって製造者と販売店とのあいだに設置された〔法律〕関係は，もっぱら売主と買主とのあいだのものであり，いかなる意味でも販売店は製造者の代表または代理人ではない。*

ここでは，明確に代理関係を否定しているのであるが，そのことがいかなる法的意味をもつかを考えてみる。代理店の場合は，上述したように本人から授権を受け代理人として行動するわけで，その代理行為の効果は本人に帰属することになる。

したがって，あいまいなかたちにしておいて，本人が直接顧客に対し，その意に反して責任を負うといったことは避けなくてはならない。

また，このように代理店との区別を明確にしておくことは，代理店（保護）法の適用という点からみると大きな意味をもつ。とりわけ，新興国・地域においては，国益や国内産業の保護を目的として特別法の代理店（保護）法を制定している国が数多く存在する。そうした法律には，代理店（保護）法といいながら，代理店と販売店を判然と区

別せず一括した保護を与えている例もあるが，代理店のみを明確に保護の対象とする立法例が多い。

　代理店（保護）法は，一般的にいって契約の成立認定，契約の終了・解約の条件，補償金の支払などについて規定しており，これが適用されるかどうかは，製造者・輸出者側の法的責任を論ずるうえで大きな影響をもたらす。

　さらに，国際的な販売店や代理店の契約では，進出国において損害賠償請求訴訟などを提起された場合に，その裁判管轄権が製造者・輸出者のもとにまで及ぶかどうかを考えておく必要がある。

　その点，販売店は製造者・輸出者の手足として働いているわけではなく，"独立の"買主であることから，法的責任の追及からのがれやすいということができる。

　販売店を指定する場合，これに独占・一手販売権を与えるかどうかを決定しなくてはならない。規定としては，「指名」という表題のもとに，以下のような内容になることが多い。

　　製造者は，本契約により販売店に，本地域において本製品を独占的に売却または販売する権利を付与し，販売店はその指名を受け入れる。

　独占的・排他的に販売する権利をもつことは，具体的には，一定の販売地域内で契約期間中は他の販売店を選任し商品の販売をさせてはならないことを意味する。

　ただ，製造者・輸出者自身が販売地域内で直接販売することまで禁止されるかについては，解釈上争いがある。アメリカでは独占的（exclusive）な販売店を指名したら，指名者自らも販売してはならないと一般に解釈されているというが，定説はないようである。

　したがって，とくに直接の販売を禁ずるときは，契約には必ずこの点を明記しておかなくてはならない。

　また，独占的な地位を与えられた販売店の側においても，独占的だ

から競合製品を扱ってはならないという効果が当然もたらされるわけではない。契約中には、競合他社の製品の取扱禁止や最低購入量（額）の保証についてはっきり規定しておくのがよい。

　独占的な地位を与えるということは一定地域への製品の流入パイプを一本化することにつながる。したがって、そのパイプに一定の太さを確保しておかないと販売政策上好ましくないことになる。また、販売成績の上がらない販売店との契約を解約しようとする際の解除事由として、「最低購入量（額）の保証」の違反が大きな意味をもつことが多い。

◆ 販売店契約の法的性格

　販売店契約は、基本売買契約の性格とライセンス契約の性格を併せもつ。前者に関していえば、取引基本契約書は、売買契約や供給契約そのものでない点に注意をすべきである。取引基本契約には、売買契約の「要素」である、何（目的物）を、いくら（代金）で売り（買い）、引渡場所、時期は、といった取引条件は、書かない。上記の例であれば、毎月の個別契約に書かれるからである。

　重要なのは、取引基本契約と個別契約間の、適用上の優劣関係を明確にしておくことである。内容的には、個別契約は売買契約の要素に当たることを書く注文書のようにし、EDI（電子データ交換）によることもよくある。取引基本契約書には、売主側の契約不適合責任や紛争処理などに関する一般的条項を書く。

　流通のサプライチェーンは、データ取引が支える部分が多くなったが、EDIを使った受発注はその代表例である。

　次に、ライセンス契約の性格をもつ点に関しては、販売店契約が、販売店の資格・地位の付与および一定の地域内における販売権の実施許諾を内容とするからである。ただ、与えられる販売権に、地域内で独占的か非独占的かの違いがあり、ふつうは独占的販売権のほうが排他的であり、権利としてより強く価値が高いとみられる。

◆ サプライチェーン契約には販売店契約と代理店契約のいずれが向くか

サプライチェーン契約は，モノづくりで単純化すれば，原材料の部品メーカーから完成品メーカーへの供給，さらに部品メーカーから完成品メーカーへの部品供給で，サプライチェーン契約の連鎖は，"前半"が終了する。

自動車などの完成品は，ぼう大な数の原材料や部品からつくられる。サプライチェーンは，その数だけあると考えられる。

いったん"前半"で，これらのチェーンが完成品メーカーのところに集約されるかたちになる。

"後半"のサプライチェーンは，完成品メーカーから，流通システムを通じて卸，小売などの事業者の手で，消費者に届けるためのものである（21頁の図参照）。

流通のサプライチェーンを担う販売店と代理店の違いは，上述したとおりである。この違いを踏まえると，独立した立場で自己のリスクで在庫を管理していかなくてはならない販売店のほうが，完成品メーカーの流通戦略を担うには，よりふさわしいであろう。

◆ 最低購入量（額）保証条項の意義と役割

一定の地域（テリトリー）内に独占的な販売権を一事業者に与えるのであれば，その見返りに最低購入量の保証を要求すべきである。この要求は，商品を供給する側の，いわば当然の権利と考えられるので，公正取引委員会の「流通・取引慣行に関する独占禁止法上の指針」においても，以下のように書かれている。

> 供給業者は，契約対象商品の一手販売権を付与する見返りとして，総代理店に対し，次のような制限，義務を課すことがあるが，これらは原則として独占禁止法上問題とはならない。
> ① 契約対象商品の最低購入数量若しくは金額又は最低販売数量若しくは金額を設定すること

　最低購入量保証条項の内容であるが，上記①にもあるように，対象商品購入の「数量」で書くか「金額」で書くかの違いがある。いずれによるべきかは，対象商品にもよるので一概に決められない。重要なのは，契約の有効期限との関係で，中途解約事由になるように書くかどうかである。

　契約有効期間が「5年」の販売店契約の場合であれば，1年ごとに最低購入量（額）を定めるようにし，期間の途中で最低購入義務をクリアしたかどうかをチェックできるようにしておくのがよい。そのうえで，最低購入量（額）の保証義務違反が，解約事由に入れることを忘れてはならない。

　サプライチェーンの強化には，市場における情報収集力とマーケティング力に優れた販売店が欠かせない。成績が上がらない販売店は，販売ネットワークから外し，他のより強い販売店に代わってもらえるような契約が望まれる。

◆ 在庫管理に関する条項

　販売店契約には，販売店による在庫管理を義務づけることが多い。とくにサプライチェーンのなかで，完成品メーカーによる販売戦略の下で，顧客への迅速で確実な商品供給を実現するためには，販売店が適切な在庫を保持する必要がある。

　日本企業の場合，完成品メーカーのジャスト・イン・タイム（JIT）システムの下で，なるべく余分な在庫はもたない方針でやってきたといえる。

　ところが，いま，コロナ禍とウクライナ問題という2つの危機に見舞われたこともあり，サステナブルなサプライチェーンがとくに求められるようになった。決め手になるのは，販売店による有事にそなえた在庫の保持である。

そこで，端的に「販売店は本件製品の適切な在庫を保持しなくてはならない」とだけ契約に規定することがあるが，どこまで具体的に保持すべき「適切な在庫」の中身を書くかがキーポイントになる。

◆ 在庫状況などについての報告義務を課す条項

販売店に販売に関する報告書の定期的な提出を義務づける条項である。典型的には，以下のような内容になる。

> 第○条　報告
> 　販売店は製造者に対し，本製品の販売，製品の在庫状況，一般市場状況，その他についての定期報告を3カ月に一度しなければならない。

製造者がとくに関心をもつのが，在庫状況とともに，対象製品の売行きの実績とあわせ，その将来予測に役立つ市場の一般的動向である。販売店は，まかされた「地域」の消費者ニーズを絶えず把握し，製造者に報告すべきである。

報告の時期としては，3カ月ごとに，あるいは6カ月ごとなど定期的に行うようにする例が多い。加えて，市場に有事的で重大な変化が差し迫っているときは，速やかに情報を集め，製造者に報告すべき旨を規定しておくのがよい。

◆ 販促活動に関する条項

独占的排他的な製品販売権を与えられた一手販売店は，最低購入量保証をするなどして，一定の地域のなかで販売拡大につとめなくてはならない。最低購入量の保証は，文字通り，販売店が果たすべきミニマムの義務を定めているともいえる。

販売店としては，最低ラインを超えて販売成績を上げられるよう，販売促進につとめる旨を契約中に規定するのがふつうである。問題は，この販促活動の中身を，サプライチェーンの強化にもつながるように書くかである。

通常の書き方は、「市場調査、宣伝広告および販売促進を行い、本地域において本製品を最大数量で販売できるように最善努力をする」のようにする。

　サプライチェーン強化に向け、努力義務にとどめることなく、販売活動としても、データマーケティングを展開するなどを具体的に書くのがよいであろう。消費者のビッグデータを製造者が収集、分析、加工して販売店に提供するやり方をとることになるかもしれない。

　従来は、いわば販促ツールとしての宣伝パンフレット、カタログなどを、製造者から販売店に無償で提供することが多く、その点を契約中に書き込んでいた。データを活用した販売・マーケティングをどこまで展開できるかが、サプライチェーン強化の鍵を握る。そして、顧客の個人データがマーケティングを支える構図になるであろう。

◆ 年間マーケティング計画を活用する条項

　サプライチェーン強化のため、とくに重視すべき条項が、販売店契約中のマーケティング計画に関する条項である。同計画は、販売店によるマーケティング活動の年間目標や製造者の支援内容などを内容とし、製造者と販売店が毎年合意のうえで、つくり変えていくべきである。

　いま、日本のサプライチェーンは、重要物資の供給がいつどのようなかたちでストップするか、先が"読めない"状況になっている。他方、世界的なインフレによって消費者の行動にも変化がみられる。

　こうしたリスク状況激変に柔軟に対応できるよう、契約内容を工夫することが求められる。そのため、小売店が集めた消費者の嗜好などのデータを販売店が集約し、生産者・製造者にフィードバックする仕組みを作り、16頁に図示したサプライチェーンの第1フェーズおよび第3フェーズにおける、生産量、在庫調整に生かせるようにするのがよい。

第4章　データ提供契約の場合

1 データ・サプライチェーンの クリーン化

◆ IoTによるデータ収集とサプライチェーン

　2016年，コーヒーの加工・卸に従事するある外国企業の日本法人が，IoT技術を活用したサービスを開始した。同社が職場や家庭に無償で配置するコーヒーマシンにIoT機器を組み合わせ，離れていてもコーヒーの残量把握や自動発送ができる。

　2017年11月中旬，ある大手タイヤメーカーがIoTを活用し，鉱山で使うダンプカー用タイヤの使用状況や交換時期を一括管理するサービスを始めるとの報道がなされた。タイヤ表面のすり減り具合などを予測し，鉱山の生産性に直結するタイヤ交換の効率を高めるのが目的である。IoTで集めた各種データは，鉱山のあるオーストラリア西部に設ける顧客支援拠点のセンターに集約されるという。鉱山用のタイヤは，九州の工場で製造しているので，同センターは，オーストラリア内の鉱山で使うタイヤの情報を一括管理する地域ハブの役割を果たす。

　同メーカーでは，今後，米国，チリ，インドネシアなどへ同様の地域ハブ拠点整備を検討するという。

　日常生活の身近なところでもIoTによる個人データの収集がなされつつある。私たちは，すべて「消費者」として日常生活を送っている。巨大メーカーの経営者であろうと，衣食住のすべてを自給自足でまかなうことなど到底できない。人里離れた山奥で仙人のような暮らしをしていたとしても，生きていくために何らかの生活物資の消費を強いられるからである。

　いま，IoTやAIをフルに活用する「データ大流通時代」にあって最

も注目されるのが，消費者の個人情報から成る個人データである。

IoTは，Internet of Thingsの略称である。直訳すれば「モノのインターネット」で，これだけだと分かりにくいが，私たちの周辺にある家電製品，自動車などあらゆるモノをインターネットでつなぐとの発想に基づく。

何のためにモノをインターネットでつなぐのかといえば，モノがどのように使われているかの「使いかた」情報を入手するためである。

たとえば，どの家庭にもある冷蔵庫を例に考えてみよう。近い将来，インターネットでつながり「IoT家電」の1つとなった冷蔵庫が，中に何が入っているかを把握し，インターネットを介して買い物リストを作成してスマートフォンに送付するようになるとみられる。

そうなると，牛乳のストックが少なくなってきたのでそろそろ買い足さなければと考えているところに，「牛乳が少なくなっていますが，ちょうど明日，近くの○○スーパーで△△ブランドの牛乳が安く売られます」とのメッセージが，スマートフォンに届いたりする。

絶好のタイミングで耳よりの情報を教えてくれたと喜ぶ人は少なくないであろう。その一方で，なぜウチの冷蔵庫の牛乳ストックが底をつきかけているとの情報が外部に"漏れた"のかと"素朴な"疑問を感じる人もいるはずだ。

それだけでなく，1日当たりどのくらいの量，何ブランドの牛乳を飲むのかといった情報は個人情報なので，他人に知られたくないと考える人もいるはずである。

◆「サプライチェーンの強靭化」とデータ・サプライチェーン

いまや膨大に蓄積されたデータをどう入手し，どう活用するかが，ビジネスの成否を分ける時代になった。ビジネスの企業活動にとって，データを制するものが，「データ資本主義」のことばのもとで，現代の経済社会を制する。

2021年5月，アメリカの石油パイプラインの最大手事業者がランサムウェア「Darkside」によるサイバー攻撃を受けた。ランサム（身代

金）75ビットコイン，当時の価値で430万米ドル相当の要求があり，支払ったとされる。

　このときのサイバー攻撃は，データの暗号化と盗み出しによる「二重の脅迫型」であった。被害に遭ったのは，エネルギー供給面でアメリカの社会的インフラを担う企業であり，この攻撃によって，すべてのパイプラインがおよそ1週間稼働を停止した。

　サイバー攻撃により，経済社会の主要資源のサプライチェーンが寸断され，石油に代わる資源というべきデータが流出した。この事実は，石油のサプライチェーンもデータ・サプライチェーンのネットワークによって支えられており，両方のネットワークは，表裏一体をなすものであることを示している。

　一部で，デジタル化された膨大な量のデータが石油天然資源に代わり，経営活動を支える最重要の「資源」になるとの指摘がある。ただ，エネルギー資源や食料資源と異なり，データの供給を受け活用することによって直接国民生活が豊かになるわけではない。

　とはいえ，これら天然資源の供給網は，これを下支えしている産業・技術データのネットワークシステムを欠かすことができない。その意味で，2022年5月18日公布の経済安全保障推進法がいう，「国民の生存や，国民生活・経営に甚大な影響のある物資の安定供給の確保」は，データ・サプライチェーンの強靭化にかかっているのである。

◆ データ流通市場におけるデータ取引

　データサプライチェーンが重要視されなくてはならないもう1つの側面は，デジタル化された産業，技術データや個人データそのものを取引の対象とする供給網としてである。

　すでに，2017年には，データ売買のための流通市場がスタートしている。同市場のスタートを推進した一般社団法人データ流通推進協議会は，その設立趣旨を以下のとおり説明している。

　　本協議会は，内閣官房情報通信技術（IT）総合戦略室，総務省，

経済産業省におけるワーキンググループの検討を踏まえ，2017年6月より設立に向けた検討を進めてきたものです。本協議会は，データ提供者が安心して，かつスムーズにデータを提供でき，またデータ利用者が欲するデータを容易に判断して収集・活用できる技術的・制度的環境を整備すること等を目的として，技術基準委員会，運用基準委員会，データ利活用委員会等を設置し，以下に掲げる活動を行います。

- データ流通，データ主導社会の実現は，我が国の産業活性化・国際競争力の強化に資する重要な社会使命である。
- データ取引市場等のデータ流通事業は，社会基盤として中立性，透明性，公平性が求められる。
- データ利用者・提供者にとって安心・安全なデータ流通の実現のため，データ流通事業者に対するガバナンス，遵法性の観点から，自主的なルール及び一定の要件を満たす者を認定・公表し，社会的に認知する仕組みを整備することで，遵守体制を確保する必要がある。
- データ流通，データ主導社会の発展のためには，データ流通事業者間の相互連携によるサービス提供，データフォーマット等の整備を図っていく必要がある。
- データ提供者が安心して，かつスムーズにデータを提供でき，またデータ利用者が欲するデータを容易に判断して収集・活用できる技術的・制度的環境を整備することで，データ利活用を促進する。
- データ流通事業の健全な成長のために，データ流通事業者及びその関連事業者による連携を推進し，適切な運営確保に取り組むために，データ流通推進協議会を設立するものである。

◆ データガバナンスのISO規格

データ・サプライチェーンのクリーン化のためには，個人データの大量ネット流出を通じてプライバシー侵害の人権問題の防止に向けた

データガバナンスの体制を構築する必要がある。

　データガバナンス体制の構築に向けては，国際標準化機構（ISO）が2017年５月に制定した規格があり，これを参考にするのがよい。

　同「データガバナンス規格」は，２部から成り，パート１（38505-1）に対してパート２（38505-2）は事例集である。

　規格パート１における内容のポイントは，データガバナンスのメリットはどこにあるかを論じた「４．データガバナンスの向上」部分にある。

　メリットとして掲げられたのは，次の４点である。

- データガバナンスの実践により，データ資産の適切な導入と運用，保護と潜在的な価値の可能性の双方の責任と説明責任と明快さが確保できること
- 経営陣の責任として，データの利活用のための権限，責任および説明責任が生じること
- 組織がリスクを管理し，制約を考慮しながらデータおよび関連するIT投資から価値を得られること
- 効果的なマネジメントシステムを作り，経営者がガバナンスすべきこと

　なお，データガバナンスの実践にあたっては，ガバナンスのほかに監督（Oversite）のメカニズムが必要となるとともに，データ特有の側面を考慮する必要がある。

　次頁の図は，本規格のパート１に示されたデータガバナンスの"流れ"図に番号を付すとともに訳語をつけたものである。

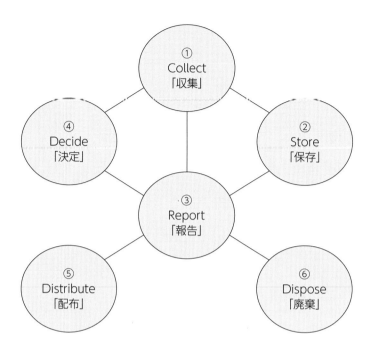

2 データ・サプライチェーン契約の主要条項

◆ データ・サプライチェーン契約の流れ

いまやデータは，石油に代わって，経済活動上必要とされる資源の主役に躍り出た。ビジネスの世界においても，たとえばデジタル化された個人データを，宣伝・広告に活用してマーケティングを展開するのは，典型的なデータ資源の活用場面である。

そこで，この場合を例にとり，データの収集→データの分析，処理，加工→データの移転→データの活用→データの消去・廃棄の，サプライチェーンの流れのなかで用いる契約における主要条項を検討してみる。

◆ データ移転の契約

データを大量にグローバルに移転し，取引の対象にする「データの大流通時代」が到来した。データサプライチェーンを成す契約の多くは，データの移転をするためのデータ取引契約である。ただ，データの移転は，譲渡によって行われるだけではなく，ライセンス（利用許諾）契約や分析，処理，加工の業務委託契約によることもある。

これらの類型をまとめて，経済産業省の「AI・データの利用に関する契約ガイドライン 1.1版」は「データ提供型」とし，その「モデル契約書案」を収めている。本書では，第3部に，契約ひな型の1つとして示した（198頁以下参照）。

◆ ガイドライン「モデル契約書案」で問題となりうる法的論点と条項

(1) 「派生データ」とその利用権限

　データ取引契約においては，対象となる「提供データ」や「派生データ」の定義を，データを提供する目的とともに明確にしておく必要がある。これらが明確でないと，データの被提供者は，期待していたデータを受領できず，契約目的を達成できないおそれがあるからである。

　「提供データ」に個人情報を含ませる場合は，提供者において個人データの生成，取得および提供などにつき個人情報保護法が定める手続を履践している旨の保証をさせるのがよい。

　提供されるデータは，生データであることもあるが，これに加工，分析，編集，統合などをすることもある。その場合，新たな価値を加えられたデータの利用権限が，データ提供者にあるかそれとも被提供者のみにあるのかが不明瞭になるおそれが生ずるので，できるだけ具体的に「派生データ」の定義をしたうえで，その利用権限の帰属について明らかにしておくべきである。

(2) アズ・イズ（as is）条項

　「提供データ」や「派生データ」の定義とも関連して，データに加工などを施したとしても，現状あるがままの状態で提供したとする条項が，アズ・イズ（as is）条項である。

　日本のある法律用語辞典には，「アズ・イズ」の項に「『有姿のまま』の項を見よ」とあって，「有姿のままで」，「現状有姿で」といった，やや堅い「訳語」が並んでいる。

　物の売買契約に使うことが多く，売主は対象物を現状のままで引き渡す義務を負うが，その品質などについての責任は負わないことを意味する。

　昔から船舶の売買契約において「有姿のまま」の特約，条件がつけられることがよくあった。その場合，売買目的物の船が売買契約に記

載の装備類をそなえているかぎり，売主は担保責任を免れる。

　2017年の民法（債権法）改正前は，これを「瑕疵担保責任」としていたが，改正で「契約不適合責任」に変えた。上記の例でいえば，「装備類」につきどこまで具体的に契約中で示せるかがカギになる。

　データ取引において，「本件データは『有姿のまま』提供される。」というと実際上どのような意味をもつであろうか。データは情報が集積しており有体物と異なりそのものの姿を"捉える"ことは難しい。

　いま日本でもEUでも，個人データにどういった加工，処理を加え匿名化できるかが課題となっている。日本で2017年5月30日から施行になった改正個人情報保護法は，「匿名加工情報」に当たる個人データを本人の同意なく第三者に移転できるようにした。となると，とくに加工目的のライセンス契約などでは，加工前の修正なしの状態での提供が保証されるかが，内容上検討ポイントにならざるをえない。

(3)　データ・サプライチェーン契約における目的外利用制限条項

　一般のサプライチェーン契約においては，調達者（買主）側で，目的物の調達目的を明示したうえで，目的外利用を制限するケースはそれほど多くない。それは，調達者の巨大メーカーが，日本的な系列取引のなかで，優越的な地位を半ば濫用するかたちで調達者側の事業活動を制限する契約条項を入れたがらないからと考えられる。

　ただ，同じ製造業のサプライチェーンでも，データを対象とする場合は，事情が異なる。それは，供給目的物の流れが逆になるからである。

　第1部第2章（85頁以下）にも書いたとおり，製造業によるモノづくりのためのサプライチェーンであっても，次頁図で原料や部品の供給者の(C)，(B)から(A)へとモノが流れていくのと逆に，最終製品メーカーの(A)から(B)，(C)に向けて，モノの製法に関するノウハウなどの技術データが提供されることがよくある。

　データ提供契約においては，提供元の製品メーカー(A)が，サプライチェーンのいわばピラミッドの頂点に位置し，提供データの(B)，(C)に

よる目的外利用を，契約中で禁ずるのがふつうである。

　データの場合，加工，分析，編集，統合などを行って利用することもあるので，これらの行為をすべて例示したうえで，「…その他の目的外利用をしてはならず，子会社，関連会社を含むところの第三者に開示，提供，漏えいしてはならない」と明記するのがよい。

　いずれにしても，提供データの「利用目的」が明確になっていないと，「目的外利用」の範囲があいまいになりかねない。

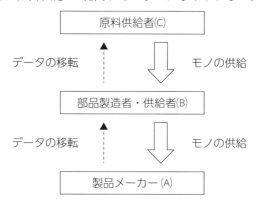

(4)　データ提供契約における不可抗力条項

　不可抗力条項には，契約当事者の抗えない事態が起こった場合に，その影響を受けた当事者による履行遅滞や履行不能の責任を免ずる旨を規定する。

　この不可抗力免責がどのような場合にどの程度認められるかは，準拠法によっても差はあるが，不可抗力事由の書き方次第といってよい。

　不可抗力免責を受けられる事由（event of force majeure）は，大きく3つにグループ分けできる。「天災」「人災」および「法令の改廃，政府の行為」である。

　「天災」は，地震，台風などの自然災害が代表例である。過去にも風水害によって工場が被害を受け，部品の供給ができなくなったケースは数え切れないくらいあった。

　「人災」の代表例は，戦争である。人間が起こす人間同士の争いだ

が，契約当事者にとってみれば，迷惑この上なく，不可抗力的に契約
履行を妨げる一大要因になりうる。

「法令の改廃，政府の行為」は，国の施策として行われるため，「災
害」に含ませるわけにはいかない。経済制裁の一環として特定国への
輸出を，突如として禁止することもまれではない。

逆に，ウクライナ侵攻に対する経済制裁の一環で，ロシアからの石
油の輸入が止められた。

データ取引のための契約にも不可抗力条項を入れるのがふつうであ
るが，同条項に列挙する不可抗力事由の書き方に工夫が必要になる。
取引対象のデジタル化されたデータは，いわば情報の集積であり，こ
れを取引するとしても，自然災害などの影響を受けにくい。

この関連でこわいのは，システム障害や大規模な停電などによるク
ラウドサービスの停止といった不可抗力的なネットトラブルである。
そこで，不可抗力事由としては，天災地変，戦争など一般的事象のほ
か，「クラウドサービス等外部サービスの提供の停止または緊急メン
テナンス」を書き入れておくのがよい。

(5) 提供データの品質保証条項

提供データの品質に問題があると，提供者と被提供者あるいは第三
者との間で法的トラブルになりやすい。そのため，データ提供者が
データの品質について保証をする（しない）を契約中に明記しておく
のがよい。

サプライチェーンにおける供給契約には，一般的に供給者による品
質などの保証条項が入るが，データ提供契約の場合，どのような内容
的特徴があるかを考えてみよう。

提供データは，情報であるから，モノと違い，その品質は情報内容
の「正確性」「完全性」「有効性」などにつき論じる。モノであれば契
約の求める性能や強度といった要素を調達目的などの関連で論じるの
で，供給者側で目的物の品質を保証しないケースは考えにくい。

一方，データ提供の場合はどうかというと，保証違反があったとき

の責任の大きさまで考えると，提供者側は保証につき慎重にならざる
をえない。たとえば，提供したソフトウェアに何らかのバグが見つ
かって，データ受領者のシステムがダウンしてしまうケースを考える
と分かりやすい。

　加えて，前述のように（124頁参照），"逆コース"的に，最終製品
メーカーがデータ提供するため，優越的な地位の濫用に近く，品質の
不保証が明記されたりもする。

　データ取引契約の目的となるデータの品質保証を語るとき，いま最
も問題になるのが，どこからどのような経絡と方法でデータを入手し，
その過程で人権侵害などがないかどうかである。

　モノのサプライチェーンに関しては，供給対象の原料をつくる工場
で，児童労働や強制労働が行われていないかが問われた。もしそれが
あると，原料の供給が，特別な法規制の対象となり禁じられたりする
（67頁以下参照）。

　データ提供契約の場合においてはどうかというと，同様に対象デー
タの入手過程における権利侵害などの法的瑕疵が，サプライチェーン
の有効性に影響しうる。

　技術データを，ランサムウェアなどを使ったサイバー攻撃で，いわ
ば盗取や詐取の犯罪行為によって入手した場合には，やはり特別な法
規制の対象になりうる。

　また，個人データの場合には，その入手プロセスの法的瑕疵が，よ
り明確に法的規制の対象になる。個人情報保護法20条は，「個人情報
取扱事業者は，偽りその他不正の手段により個人情報を取得してはな
らない」として，「適正な取得」を求めている。

　関連して，同法21条は，個人情報の「取得に際しての利用目的の通
知等」を求め，「あらかじめその利用目的を公表している場合を除き，
速やかに，その利用目的を，本人に通知し，又は公表しなければなら
ない」と定める。

　本人に通知した以外の目的で個人情報の利用をするならば，法令違
反になってしまう。個人情報の保護に関する法律違反は，すべての人

が持っているプライバシー権という人権の侵害につながりかねない。これだけで, データ・サプライチェーンの有効性に問題が生じてしまう。

(6)　情報セキュリティ保証条項

　近時, サプライチェーンの"拠点"をねらったサイバー攻撃が増加している。ねらわれるのは, グローバルサプライチェーンを担う海外子会社であったりするが, なぜ"拠点"がねらわれるかといえば, 情報セキュリティ体制に脆弱さがみられるからである。

　ランサムウェアによるサイバー攻撃には, 身代金 (ランサム) の入手を目的とするケースもあるが, グループの中核を占める企業がもっている技術データをねらう攻撃もある。

　原材料や部品など, モノの供給者に向けて技術データなどを逆に提供する中核企業・最終製品製造者としては, 情報セキュリティの脆弱な企業をサプライチェーンの一部にでも組み込ませるのは, かなりの危険を招きかねないことになる。

　そこで, 調達のための供給契約を取り交わす前における, 情報セキュリティデューデリジェンスの徹底をすべきである。それと並んで重要なのは, 供給契約のなかに, 供給者として, 情報セキュリティ体制を整備し, サイバー攻撃などにも備える旨を約束し保証する規定を入れておくことである。

(7)　データ受領者による守秘義務条項

　データの取引がさかんになると, こわいのが, 秘密情報の大量のネット流出である。ボタン一つの押し間違いで, 何千万件もの個人データが世界中の何億人もの人が見られる状態に置かれてしまうこともある。

　そのため, データ取引の契約においては, 一般的な守秘義務条項とは別に規定を設け, データ受領者が第三者に対してデータを提供しない旨を約したりする。

　デジタルデータは, 「分割管理」をしっかりしないと, 他の情報と

区別ができなくなるので，秘密表示の有無にかかわらず，他の情報と明確に区別し，善良な管理者の注意をもって管理・保管すべきことを定める。

　データ・サプライチェーンのためのデータ提供契約においては，データを「第三者」に提供しない旨約するといっても，「第三者」には，サプライチェーンを構成する他の事業者を含めないと，データが，目的どおり流通できなくなりかねない。

⑻　データ提供契約における不可抗力免責の範囲

　契約中に不可抗力条項を入れる目的はどこにあるかといえば，同条項に書かれる自然災害や戦争などの不可抗力事由が発生した場合に，債務不履行や不法行為による責任を免れる旨を明らかにするためである。

　不可抗力免責が受けられるか否かは，契約中に不可抗力条項があるか，その内容がどうなっているかによるが，契約の準拠法が日本法かそれ以外の国・地域の法律かによっても左右される。

　不可抗力免責について各国法制の内容は同じではない。大陸法系と英米法系の法制では，大きな考え方の違いがみられる。一般的にいって大陸法のほうが免責に甘い傾向があり，英米法では契約中の不可抗力条項に免責事由と共に免責を受けられることを明記していなければ免責は受けられないとする。

　大陸法に属する日本法の場合，民法419条3項が，金銭債務の損害賠償について債務者は不可抗力をもって抗弁とすることができない旨を規定しており，金銭債務以外についてはこれを抗弁とできると反対解釈するのが通説である。

　義務履行を妨げる不可抗力事由として何を契約中に書くべきかは，契約の種類によって異なる。民法419条3項が，金銭債務の履行については，「不可抗力をもって抗弁とすることができない」と定めるのは，同履行が自然災害や戦争などの影響を受けにくいからである。

　では，サプライチェーン契約の場合はどうであろうか。モノのサプ

ライチェーン契約は，供給・調達，流通・販売の各段階で取り交わされるが，そのいずれにおいても，自然災害や戦争といった典型的な不可抗力事由の影響を受けやすいといえる。モノの輸送が，台風によって妨げられ遅延が発生する事態はめずらしくない。

ただ，近時においてコロナパンデミックやロシアのウクライナ侵攻が招いた危機的状況は，医薬品やエネルギー資源，半導体などのサプライチェーンを寸断した。これらの状況により，義務履行を妨げられた契約当事者が不可抗力免責を主張できるかは，不可抗力条項の内容次第である。

同条項の不可抗力事由に，「戦争」を入れるのは普通のことであるが，一方の当事者が，契約時に予期しなかった「戦争」が起こったとして，契約中の不可抗力条項（force majeure clause）を援用しても，相手方は，「戦争」とは認めないかもしれない。

そこで，不可抗力事由の書き方として，単に「戦争」と入れるだけでなく「戦争（宣戦布告の有無を問わず）」としたり，「戦争類似の状況」も事由に書き加えたりする。

不可抗力事由は，大きく，①自然災害，②人的災害，③法令による規制の3種類に分けられる。大震災や津波は，①に属するし，戦争は，②に属する。③に属する事由は，書き入れない契約も多い。

サプライチェーン契約の場合は，③に属する事由も書いておいたほうがよいだろう。ウクライナ侵攻によって，欧米諸国や日本による経済制裁が行われ，日本をはじめとする国・地域で，石油や天然ガスのサプライチェーンによるロシアからの流通が一部で止まった。

コロナ禍では，一部の国・地域において，都市封鎖，工場の操業停止，輸出入規制が行われ，自動車部品や半導体のサプライチェーンの流通が阻害された。

「経済制裁」（economic sanction）を不可抗力事由として入れる例は，従来，多くない。だが，「政府の命令，輸出入の規制」が入っていれば，経済制裁の具体的内容として，不可抗力免責を主張できそうである。

①の自然災害に属する不可抗力事由として，「伝染病」や「疫病」を書き入れることはよくある。2020年春以降，日本でも感染が全国に広がった新型コロナウイルスがこれに入るかというと，解釈上は疑わしい。

　というのは，不可抗力事由として書く「伝染病」や「疫病」は，歴史的には，かつて「人類の敵」とまでいわれたペストや天然痘を想定したものとされているからである。

　新型コロナウイルスが，そこまでの感染力や致死率をもつとは，今のところ考えられてはいないようである。もっとも，不可抗力事由として，これらをいずれも書いていなければ，解釈問題にもなりえない。

　なお，データ取引契約に書く不可抗力事由は，「クラウドサービスの提供停止」が入るなど特別になる（203頁参照）。

◆ サプライチェーンの拠点を狙うサイバー攻撃対策としての契約実務

　コンピューター・ネットワークは，拠点をつなぎながら，網の目のように横に縦に広げれば広げるほど，データ活用上も価値を増す。ただ，反面，そうすることで"脆弱性"は増大することを忘れてはならない。

　拠点は，リスク分散のため海外にまで広げたサプライチェーンの供給元であったり，テレワークを行う従業員の居宅であったりするが，必ずしもセキュリティレベルは高くない。ネットワークの弱い連結点をねらって，"本丸"日本企業のシステムに侵入するサイバー攻撃が多くしかけられている。

　これを防ぐには，セキュリティレベルの低い供給者などと契約をしないのがよいが，そう簡単にはいかないのが現実である。

　まず，サプライチェーンに組み入れるサプライヤーについては，十分なデューデリジェンスを行って，その属性，広い意味でのコンプライアンス状況などを事前によく調査すべきである。

　取引・契約に入る前に相手方のいわば"身上調査"を十分に行うこ

とを，デューデリジェンスというが，直訳すれば，「当然払われるべき注意（義務）」である。実務ではM&A（企業買収）取引で行うべき売手（候補）企業の"身上調査"を指すことが多い。

　M&Aは，いってみれば大きな買い物にすぎない。買収相手（売主候補）が，いまにもつぶれそうな財務状態であることを事前に調べず高値で買い取るのは，最も避けるべきことである。M&Aでは，会計面のデューデリジェンスは当然のこととして行われてきた。

　いま求められるデューデリジェンスの内容は，「データのネット流出」リスクを予防・管理のためにする，セキュリティレベルのチェックである。

　日本企業が海外の現地企業を買収する目的は，発行株式のすべてを取得して完全子会社化し，グローバルサプライチェーンの一端を担わせることであったりする。ただ，ネットワークに加えるならば，サイバー攻撃を受け，日本企業の大切なデータを盗み出されるリスクは増大する。

　そこで，システムのデューデリジェンスをしなくてはならない。契約実務の流れとしては，秘密保持契約を取り交わして，デューデリジェンスを開始するが，非公開情報の提供を含め，セキュリティレベルのチェックには，相手方の協力がなければ到底できない。秘密保持契約中に対象項目を具体的に絞り込んだデューデリジェンスへの協力義務を規定することがある。

　それでも，この種のデューデリジェンスには技術的にも困難さが伴うので，データガバナンスの国際規格（ISO/IEC38505-1）のようなグローバルな公的規格への適合性チェックで"代替"することが考えられる。

　同規格への適合性を，交渉段階の予備的合意書やM&Aのための株式買取契約中で表明・保証させるのがよいであろう。

◆ ランサムウェアとサプライチェーン

　数年前から，サプライチェーンの，いわば連結点である拠点企業を

ランサムウェアでねらい撃ちにするケースが急増している。

　この点に関し，経済産業省は，「最近のサイバー攻撃の状況を踏まえた経営者への注意喚起」を発し（20年12月18日），冒頭，以下のように述べている。

　　2020年に入ってから，新型コロナウイルスの感染拡大に伴い，テレワークの利用の急拡大など，サイバー空間を巡る環境が大きく変化している。また，サイバー攻撃の攻撃者による攻撃の痕跡の消去などサイバー攻撃の手法の高度化・巧妙化が進むとともに，中小企業等のサプライチェーン上の弱点を起点とする攻撃の拡大が見られる。

　また，「大企業・中小企業を問わないランサムウェアによる被害の急増」と題する項中では，企業がこうしたサイバー攻撃に遭って支払う"身代金"（ransom）につき，以下のように述べている。

　　ある調査では，日本のITセキュリティ担当者200人のうち，半数を超える52％が，この1年間で『ランサムウェア』によるサイバー攻撃を受け，データを暗号化されるなどの被害を受け・・・・被害にあった組織のうち，32％が，暗号化されたデータを復元するためのいわゆる『身代金』を犯行グループに実際に払ったと回答。支払った額の平均は，110万米ドル（約1億1,400万円）。

　コロナ禍で普及，定着したテレワークや分散・拡張したサプライチェーンのネットワーク拠点がねらわれていることがわかる。テレワークやサプライチェーンの各拠点で使うIT機器は，従業員個人のパソコンであったり，セキュリティレベルが低いまま放置されたサーバーやパソコンであることが少なくない。

　セキュリティレベルが低く「脆弱」なまま放置している企業や個人とは契約をせず，ネットワークに組み込まないことが最重要である。

そのための情報セキュリティのデューデリジェンスを徹底するのがよい。

　テレワークにおいても，就業規則とは別に「テレワーク勤務規程」を定め，ICT（Information and Communication Technology）の活用についての規定を置き，会社からテレワーク勤務者に機器を貸与するなどを定めておくべきである。

◆ サイバーハイジーンによるネットワーク防御

　ランサムウェアによる場合を含め，いまやサプライチェーンの強靭化を妨げる最大の要因となったのは，サイバー攻撃であるといってよい。もともとサイバーの語は，ギリシア語で「舵手」を意味したサイバネティクスから生まれ，「コンピューター（ネットワーク）に関係した」，との形容詞で広く使うようになった。

　たとえば，「サイバーテロ」は，国家や社会基盤の情報システムに不正に侵入し，社会機能を不全に陥らせることをねらいとする。その影響は，国家の安全保障を脅かすほど甚大になりうる。

　政府は，サイバー攻撃に備え，経営陣主導の体制整備や対処計画づくりを企業に求め，併せてサプライチェーンで使用する機器の安全確保も要請して，官民でサイバー攻撃に対する防御態勢の強化を狙っている。

　具体的には，情報通信や電力など14分野の重要インフラ事業者に，防御を義務づけ，2021年度中にも改定予定とした「重要インフラ行動計画」に明記する。

　サイバー攻撃からの防御を義務づけられても，何をどこまでやればよいのかについて，明確な行動計画をイメージできない企業は少なくない。2020年度末の資料によれば，政府が重要インフラとみなしサイバー防衛に関する情報を提供している金融機関は延べ1,700社，情報通信は約1,300社に上る。

　そうした背景のもと，サイバーハイジーン（CH）の徹底こそが，最善の防御策であるとする考え方が，有力になりつつある。英語の

hygieneは，「衛生（cleanliness）」を表す語で，パブリックハイジーンといえば，「公衆衛生」のことである。

　日本では，サイバーハイジーンを「サイバー衛生管理」として紹介しており，企業社会においても徐々に浸透しつつある。いくつかの資料をもとにその内容をまとめると，以下のようになる。

　サイバーハイジーンでは，サイバー攻撃からビジネスを守るための予防に重点を置く。そのため，会社におけるIT環境をよく把握したうえで可視化し，会社（グループ）全体のセキュリティ意識を醸成するなかで，リスクの予防と軽減をめざす。

　サイバー攻撃の"手口"は，日々高度化しており，対応すべく，セキュリティソリューションやセキュリティガイドラインがつくられているが，中小企業を含めた企業がそうした対応策を講じきれているかというと，追いつけずに後手に回っているきらいがある。

　サイバーハイジーンは，対策における基本を重視する。会社が使う端末やPCの状況を把握し，認識した脆弱性を修正するパッチを適用する，認証とアクセス制御による最小権限の原則を適用する，などを着実に実践していけば，最も有効にサイバー攻撃を防げるとの考えに基づく。

　最新のソリューションに振り回されるのではなく，身近な"足元を固める"のが最善の予防策である。

　サイバー攻撃の"常とう手段"は，サプライチェーンの拠点などからネットワークに侵入し，コンピュータ・ウイルスに汚染させることである。

　新型コロナウイルスなど自然界のウイルスになぞらえ，コンピュータ・ウイルスの場合にも，感染予防のためのワクチンのように，同じ用語を使う。

　共通する感染防止の決め手はワクチンであるが，自然界のウイルスの場合，より身近で誰でも簡単にできる感染予防策が，うがい，手洗い，部屋の換気などの励行である。これらは，本来の意味のハイジー

ン（衛生管理）であり，予防策としての有効性は，広く認識されている。

第5章　契約書式と条項へのコメント

1 原材料の調達契約の場合

　サプライチェーンの出発点は，多くの場合，原材料の供給者（サプライヤー）である。原材料が天然資源の場合はとくに，その供給元が海外であることも少なくない。

　以下に載せた契約書式は，国内の供給元を想定した国内契約としての原材料（化学品）調達契約である。内容上のポイントは，サプライチェーンの"クリーン化"に向けた，調達者・製造者の"要求"をどこまで契約に反映させるかである。

　国内契約でありながら，サプライチェーンを取り巻くグローバルな規模での環境変化を受け，国際契約における条項を随所に取り入れている。

原材料調達基本契約

　A株式会社（以下「甲」という。）とB株式会社（以下「乙」という。）は，甲の製造する自動車部品の原材料として，乙の製造する化学品の供給に関し，以下のとおり契約を締結する。

第1条（目的）

　本契約は，株式会社○○○が製造する乗用車用の部品の原材料として，甲が乙の製造する，一定の品質などを備えた化学品を，安定的に調達できるようにすることを目的とする。

コメント

　国内契約の場合，内容がおざなりで具体性に欠ける目的条項がふつうであった。しかし，当該サプライチェーンに社会や消費者が期待するのは何かをよく見極め，なるべく明瞭かつ具体的に目的を書くのがよい。

第2条（基本契約と個別契約の関係）

1．本契約は，基本契約として，個々の製品の個別契約に共通する事項について定めるものとする。

2．甲乙は，個別契約において，本契約に定める条項の一部の適用を排除し，又は本契約と異なる事項を定めることができる。

コメント

　物資のサプライチェーン契約の場合，ベースは，売買契約の連鎖である。ただ，有償契約として，モノの所有権を移転し見返りに代金の支払を受けるとする，売買契約の要素的内容は，個別契約に書かれることになる。本契約は，売買契約そのものではない。では何のための契約かといえば，サプライチェーンを成す各契約に共通すべき理念を具現化する内容の条項といわゆる一般条項を書き込むためである。

　これらの条項は，契約の"要素"を書く個別契約と異なり，いわば不測の事態が生じた場合に備えるための内容をもつ。不測の事態とは，大震災や戦争といった不可抗力的事態であったり，供給目的物に契約不適合物が混じっていた場合などである。

第3条（個別契約）

　個別契約は，甲が次の各号に定める事項を具体的に記載した注文書を乙に交付し，乙が注文請書を甲に交付することによって成立する。

(1)　生産計画

(2)　製品の品名，品質，規格，数量

(3)　原材料の品名，数量

(4)　生産期日及び船積予定

(5)　引渡期日

(6) 引渡場所

(7) その他特約事項

コメント

　個別契約を，注文書と注文請書の交換で成立させるのは，オーソドックスだが“古典的”なやり方である。いまは，EDI（electronic data interchange：電了デ　夕交換）による企業間の受発注システムが使われることが多くなった。

　データの利用によって，原材料の調達から製造，販売を経て，最終需要者・消費者に至るサプライチェーン全体の，在庫や生産量の最適化をはかる，高度なサプライチェーン・マネジメント（SCM）が可能になる。

　小売・流通業では，1990年代から，POS（point of sale）システムやポイントカードなどのCRM（customer relationship management）システムを活用し情報を集めている。これらによって収集した消費者の情報・データを，卸売業者，生産者，部品メーカーを経て原材料供給者に“逆流”させられるかどうかが，SCMの成否を分ける。

　個別契約の注文書には売買の「要素」を書くのが通例である。冒頭にいきなり「生産計画」が出てくるのは，上述したような流通市場からの情報，データの提供を受け部品メーカーとしてしっかりと生産計画を立て，それに基づいて発注をする意向の表明とみられる。

　生産に必要な原材料の安定的な供給は，無理のない生産計画が作られていて，はじめて可能になる。

第4条（品質）

　乙は，本契約の下で甲に供給する原材料が良好な品質をそなえ，かつ，甲の要求する化学品「○○」の品質規格や国際認証に合致するものであることを約束する。

コメント

　原材料の品質が，部品の品質を左右し，ひいては，完成品の出来，不出来を決める。当たり前のように語り継がれてきたことであるが，近時は，「品質」を決める「判断基準」が変化してきたことに注意しなくてはならない。

かつては，主に技術的・科学的にみて優れた内容の原材料が，高い品質をもつとされたが，いまは違う。その原材料は，どこの誰が，どのように入手して原材料につくり上げたのか，その過程で，強制労働や児童労働などの人権侵害が行われていないかが問われるようになった。

　もうひとつの「判断基準」が国際「認証」である。2022年3月，建築資材などになる木材が環境や人権に配慮していることを認証する国際機関が，ロシアとベラルーシ産の木材を「紛争木材」として，認証対象から外した。

　対象物資が，こうした公的認証を得ているかどうかは，「品質」そのものとは関係ないようでいて，いま最も問われる品質問題といってよい。

　そこで，本条項例にあるように，供給先（甲）の要求に沿った規格や認証を得た原材料であることを供給者（乙）に約束させるのである。目的物によっては，具体的にISO（国際標準化機構）の規格番号を書くなどするのがよい。

第5条（有効期間）

　本契約の有効期間は，締結の日から5年間とする。

　期間満了の3カ月前までに甲又は乙により本契約を更新しない旨の書面による通知がない限り，本契約は5年間更新され，以後も同様とする。

コメント

　サステナブルな供給契約のためには，一定の期間，安定的に取引関係を継続できるようにしておくのが望ましい。

　契約目的物にもよるが，「5年間」の取引基本契約は，一般的であろう。これが短すぎるか否かは，本条第2文に書かれている「自動更新条項」の内容次第でもある。不更新の通知がない限り，5年の同一期間で何回でも更新できるからであり，結果，何十年間も継続して原材料を供給する契約も生じうる。

　自動更新は，最初の更新だけは「5年間」とするが，以降は「1年」ごとあるいは，「3年」ごとにすることも，ケースバイケースでできる。

第6条（機密保持）

1　乙は，本契約期間中及びその終了後においても，本契約に基づき甲か

ら開示された情報を守秘し，第三者に開示してはならない。

2　乙は，本契約の目的を達成するために必要な乙の役員，従業員に対し前項に定める情報を開示することができる。この場合，乙は当該役員，従業員に対しても乙と同様の守秘義務を負わせるものとし，当該役員，従業員からの情報漏えいに関するすべての責任を負う。

3　本契約が理由の如何を問わず終了した場合，乙は，甲から開示された一切の情報を甲に返還し，以降一切保有しない。

4　本条に定める守秘義務は，次の情報には適用しない。
　⑴　公知の情報若しくは当事者の責めに帰すべき事由によらずして公知となった情報
　⑵　第三者から適法に取得した情報
　⑶　開示の時点で保有していた情報
　⑷　法令，政府機関，裁判所の命令により開示が義務付けられた情報

コメント

　　B to B（企業間）の継続的契約の場合，当事者が互いに，契約上知りえた相手方の秘密情報の守秘を約束することはよくある。本条項においては，モノの供給者である乙だけが甲に対し守秘義務を負う内容になっている。
　　なぜかというと，強靭なサプライチェーンの一端を担う原材料の供給者には，モノの供給とは逆の流れで，どのような最終製品のどの部品の原材料としてこれだけの品質を備えるべきだとか，製造上のノウハウや，生産計画に関し消費者の需要動向とその分析といった秘密情報が，甲を通じて乙に知らされる可能性が大であり，このデータ移転の方向を重視するからである。

第7条（約束・誓約）

1　乙は，乙の工場その他の生産拠点において，児童労働や強制労働の人権侵害が行われておらず，今後も行われないことを約束する。

2　乙は，採掘業者から原材料「○○」を買い付けるにあたり，必要な人権デューデリジェンスを実施しなくてはならない。

　「約束・誓約条項」と名づけたが，過去から現在までに，人権侵害の労働慣行を行ってこなかった事実を表明し，その正しいことを保証するのが，本条第1項の前半部分である。その後半部分では，将来にわたってこうした人権侵害を行わないことを誓約させている。

　サプライチェーンの人権デューデリジェンスについては，本書の随所でふれてきた（67頁以下他参照）。問題は，サプライチェーンを構成する供給契約の条項に，この種のデューデリジェンスをどう書き込むかである。

　本条第2項は，部品の原材料のもとになる鉱物を採掘現場で買い付けるケースを想定している。買い付け先は，個人（事業主）であることが多いかもしれない。ここで求められるデューデリジェンスは，それらの売主（候補者）が，危機を伴う採掘作業に子どもを従事させたりしていないかなどにつき，しっかり調査することを内容とする。

　サプライチェーンのデューデリジェンスは，供給の連鎖において，自社の前者であるサプライヤーを調査しなくてはならない。そのうえで，同調査義務を果たしていること，および将来にわたって果たしていくことを「約束・誓約」内容に含ませるのがよい。

第8条（契約不適合責任）

1　甲は，乙の供給する原材料に契約不適合（仕様書等に記載した事項との不一致のほか，品質規格への不適合，表示規制違反及びその他原材料を本契約の目的のため使用することの支障となる不具合等をいう。以下，条件において同じ。）を発見したときは，乙に対して成果物の修補，代替物の引渡し又は不足分の引渡しのうち甲が指示した方法による履行の追完請求又は代金減額請求をすることができる。

2　甲は，甲が不具合を知った時から1年以内に限り，前項の請求を行うものとし，それ以降に契約不適合を発見した場合は，対応方法及びその条件について，乙と協議の上決定する。

3　本条の規定は，甲による解除権の行使及び乙に対する損害賠償の請求を妨げない。

　契約不適合責任は，2017年の民法（債権）改正（2020年4月全面施行）により，それまでの瑕疵担保責任に代わり導入された。本書の該当箇所で詳しく解説したが（76頁以下参照），本条項は，英米契約法の「黙示の保証の原則」に出来しており，内容的には，契約目的への不適合が中心になる。

　それだけに，サプライチェーンの一部として，本契約の位置づけと目的を，他条項とりわけ目的条項（第1条）との関係で明確に示せるかがポイントになる。

第9条（不可抗力）

1　地震，台風，津波その他の天変地異，戦争，暴動，内乱，法令・規則の改正，政府の行為，サイバー攻撃その他不可抗力により，本契約若しくは個別契約の全部又は一部を履行できない場合，これによって影響を受けたいずれの当事者も，その責任を負わない。

2　前項に定める事由が生じた場合には，該当事者は相手方にその旨の通知をする。この通知発送後6カ月を経過しても前項の不可抗力事由が解消されず，本契約の目的を達成することができない場合には，該当事者は催告なくして本契約若しくは個別契約の全部又は一部を解除することができる。

コメント

　当事者の責めに帰すことのできない事由によって契約上の債務が履行できない場合に，その当事者が債務不履行責任を負わない旨を規定するのが本項条項である。

　不可抗力事由は，①地震などの自然災害，②戦争などの"人為的災害"，および③法令・規制などの制定という3つの分野に大別できる。

　サプライチェーンを成すモノの供給契約でいうと，供給者側の債務履行は①と②の事由による影響を受けやすいが，調達者側の債務は代金支払義務が中心なのでこれらの事由に影響されにくい（民法419条3項参照）。

　2022年2月24日に始まったロシアによるウクライナ侵攻とこれに伴う，日本と欧米諸国による経済制裁が，契約目的によっては法令による取引制

限の対象となった。そのため，エネルギー資源や食品の原材料の供給契約
においては，不可抗力事由に当たりうることに注意を要する。

　契約準拠法にかかわらず，この関係で不可抗力免責を受ける可能性を高
めたければ，不可抗力事由を「政府による経済制裁，輸出入規制など…」
のように，ある程度具体的に書いておくほうがよい。

　サプライチェーンの拠点をねらうサイバー攻撃がふえている。不可抗力
事由としては，「サイバー攻撃」だけでなく，「大規模通信障害」，「電源喪
失」などを入れておくことも検討すべきである。モノの移転をデータの移
転で支えるかたちのサプライチェーンにあっては，とくにこの点は重要に
なる。

第10条（解除，期限の利益喪失）

1　甲は，乙が次の各号のいずれか一つに該当したときは，何らの通知，
　催告を要することなく，直ちに本契約又は個別契約の全部又は一部を除
　外することができる。

　(1)　本契約又は個別契約に定める条項に違反し，催告にもかかわらず14
　　日以内に当該違反が是正されないとき

　(2)　監督官庁により営業の許可取消し，停止等の処分を受けたとき

　(3)　支払停止若しくは支払不能の状態に陥ったとき，又は手形若しくは
　　小切手が不渡となったとき

　(4)　第三者により差押え，仮押え，仮処分若しくは競売の申立て，又は
　　公租公課の滞納処分を受けたとき

　(5)　破産手続開始，民事再生手続開始，会社更生手続開始，特別清算手
　　続開始の申立てを受け，又は自ら申立てを行った，若しくは特定調停
　　の申立てをなしたとき

　(6)　解散，会社分割，事業譲渡又は合併の決議をしたとき

　(7)　資産又は信用状態に重大な変化が生じ，本契約又は個別契約に基づ
　　く債務の履行が困難になるおそれがあると認められたとき

　(8)　その他，前各号に準じる事由が生じたとき

2　前項の規定により本契約又は個別契約が解除された場合，乙は，解除
　により甲が被った損害の一切を賠償する。

3　第1項により本契約又は個別契約が解除された場合，乙は，解除により甲が被った損害の一切を賠償する。

4　第1項により本契約又は個別契約が解除された場合であっても，甲は，解除により乙が被った損害を賠償する責任を負わない。

コメント

解除事由を列挙する通常の解除条項であるが，サプライチェーンの契約であることから，調達者（甲）による解除権のみが規定される。

本契約の目的（第1条）に照らすと，供給物の品質保証（第4条），秘密保持（第6条），約束・誓約（第7条）に関する義務違反があったときには，調達者（甲）による解除にそれほど違和感が生じない。

だが，第1項第1号にあるように，「本契約又は個別契約に定める条項」のいずれに違反した場合にも甲の解除を認めるのは，解除事由として広く抽象的すぎると解釈されるおそれがある。

もともとサプライチェーン契約における調達者と供給者の間には，立場の差があるとされる。あまりに一方的に調達者による解除，期限の利益喪失が行われるならば，独占禁止法の禁じる「優越的地位の濫用」にあたるおそれがある。

そこで，本条第1項第1号の書き方を変え，「本契約第4条，同第6条，または同第7条に定める義務に違反し，…」として，解除事由にメリハリをつけるほうがよいだろう。

もし，これら以外の条項で重要な違反があり，甲がどうしても解除したければ，第1項第8号の「前各号に準じる事由」に当たるときであろう。

第11条（準拠法）

本契約は，日本法に準拠し，日本法に従って解釈される。国際物品売買契約に関する国際連合条約は，本契約には適用されないものとする。

コメント

本原材料調達契約は，国内契約を想定している。しかし，日本企業によるサプライチェーンでは，原材料の元資源の買付場所は，新疆ウイグル地区の鉱山であったり，シベリアの森林地帯であったりするので，国際契約的要素を拭い切れない。

そこで，完成品製造者のサプライチェーン全体についての一貫した方針に基づき，国内契約であっても一律に準拠法を日本法とする規定を入れたものである。

国際物品売買契約であれば，何も書かなくとも，日本法の一部となって国内法的効力をもつに至っている国際物品売買契約に関する国際連合条約（通称，ウィーン国際物品売買条約）が適用される。ただ，同条約は，みずから，「当事者は，この条約の適用を排除することができるものとし，…」（同条約6条）と規定しているため，これに基づき，同条約を，例外を除いて全面的に適用排除する旨規定した。

こうした全面的適用排除の規定は，よく見かける。しかし，同条約は日本法の一部として国内法的効力をもつに至っているし，民法には改正により同条約のいくつかの規定が取り込まれてもいる。

また，同条約の規定のなかには，「不安の抗弁（権）」に関する71条，72条のように，売主側に有利な規定も含まれている。全面的に適用排除して，契約内容と矛盾しないか，個々の条文ごとに適用排除すべきかどうかを判断するほうが安全である。

第12条（紛争解決）

この条約から又はこの契約に関連して生ずることがあるすべての紛争，論争又は意見の相違は，一般社団法人日本商事仲裁協会の商事仲裁規則に従って仲裁により最終的に解決されるものとする。仲裁地は東京（日本）とする。

コメント

契約当事者間で何らかのトラブルが発生した場合，当事者による話し合いで解決できればよいが，それがうまくいかず第三者に最終解決を委ねるをえない場合を考えておく必要がある。

B to Bが多いサプライチェーンの当事者の紛争解決は，スピードがとくに重視される。上訴もできる裁判よりは，仲裁を紛争解決手段に選ぶ傾向が強まってきた。

その場合，契約には適切な仲裁条項を書き込むようにしないといけない。裁判を起こすのに相手の同意は必要ないが，仲裁の場合は，憲法の認める裁判を受ける権利を放棄する旨の合意を取り付けなければならないからで

ある。

　仲裁条項は，当事者間のこうした仲裁合意をあらかじめ取り付けておくためにある。

　問題は，仲裁条項を実際にどう書くかである。おすすめする"起案術"は，まず，仲裁機関を決め，同機関のモデル仲裁条項をもとに起案・作成することである。

　モデル条項から大きく外れた内容の仲裁条項の場合，いざお目当ての仲裁機関に仲裁を申立てたとしても，有効な仲裁合意があったとしく受け付けてもらえないおそれがあるからである。

　本仲裁条項は，一般社団法人日本商事仲裁協会が公表している「標準仲裁条項」3パターンのうち，本契約にもっとも向いていると考えられるパターンを選び，ほぼそのまま転記している。

2 販売店契約の場合

　サプライチェーンによる「供給の連鎖」は，製造・生産のための「前半部分」と，流通・販売のための「後半部分」に分けられる（11頁図参照）。

　「後半部分」で重要な役割を果たすのが，流通業者としての販売店であり，製造・生産業者と取り交わす契約が販売店契約である。

　販売店契約は，単に販売契約と称することもある。製品・商品を市場に流通させるためのネットワークの中心的存在になる販売店は，みずから製品の販売ルートをもたない製造業者から，直接販売を委ねられることも多い。

　それだけに，サプライチェーンのなかでは，市場における「消費者の声」を製造者に届けるパイプ役になるのが販売店である。製造者は，届けられた市場からのデータをもとに，サプライチェーンの"上流"に位置する原材料供給者などに情報をフィードバックし，あわせて，完成品や部品の生産計画や在庫量の調整に生かそうとする。

　販売店契約は，売買契約や販売契約そのものではない。製造者が販売店に，一定の地域における製品の販売権を許諾する継続的なライセンス契約である。

　以下においては，販売店契約の主要条項を取り上げ，サプライチェーンのなかで果たす上述のような役割を，条項のなかでどう書くかに焦点を絞りつつ，逐条的に解説を試みた。

販 売 店 契 約

　A株式会社（以下「甲」という。）とB株式会社（以下「乙」という。）は，甲の製造する食品の日本国内での販売に関し，以下のとおり合意する。

第1条（目的）
　本契約は，甲が，各販売地域に一手販売店を配置することによって，日本国内で甲の製品の独占的な販売網を構築することを目的とする。

コメント
　国内契約では，「前文」を置き，契約締結に至る経緯や目的を書くことは，従来，行ってこなかった。しかしながら，モノの売買契約を中心に，契約（目的）適合性責任追及，表示された動機の錯誤の取消主張などは，いずれも目的を契約中に明示しておけばより容易になる。契約の頭書部分とあわせて，目的条項に少なくともこの程度の記載はしておくのがよいだろう。

第2条（定義）
　本契約において使用される用語は，次の各号に定めるとおりとする。
(1)　「本件製品」とは，別紙〔省略〕に記載する甲の製品を指す。
(2)　「対象地域」とは，関東地方の1都6県を指す。
(3)　「本件商標」とは，本件製品に使用されているか組み込まれている商標を指す。

コメント
　定義条項を契約中に入れることは，国内契約ではあまり多くない。販売店契約の場合，製造者の販売戦略が，全国を地域，ブロックに分割して，それぞれ一手販売店を配置するやり方によるか否かなどによって大きく内容が異なってくる。同戦略の前提となる「何を」「どこで」「どのように」販売する権利を付与するのかを明確にするためにも，定義条項を置くのが望ましい。

第3条（一手販売店の指定）

1　甲は乙を，本件製品を対象地域における独占的な一手販売店に指定する。

2　甲は，本契約が有効である間，第三者を本件製品の販売店に指定しない。但し，甲が直接第三者から本製品の注文を受けた場合，又は本製品が本契約で本地域以外で他の製品に組み込まれ，それが本地域内に輸入される場合，甲は当該第三者に対し本製品を販売することができる。

コメント

　　全国をいくつかの地域・ブロックに分け一手販売店を配置する「市場分割」的販売戦略は，製造者主導で行われやすく，「サプライチェーン強靭化」の目的にも合致する。

　　一定の地域における独占的な販売権を付与するからには，他の第三者を販売店に指定しないよう望むのは販売店としては当然の要求であり，第2項の前半は，その旨明記している。

　　ただ，独占的で排他的な権利付与は，製造者による地域内での販売まで制限する趣旨かどうかについては，解釈上争いになりうる。そこで，製造者による販売権を留保すると明記したのが第2項後半である。

　　製造者による販売権留保は，販売店にとっては不利である。その分，製造者主導のサプライチェーン強靭化につながりうる。そこで，折衷的に販売店の立場に配慮して，製造者に販売権を留保する場合に手数料支払義務を課す文言をつけ加える例もある。

第4条（当事者間の関係）

　　甲と乙は，売主と買主の関係であり，乙は甲の代理人ではないことを相互に確認する。

コメント

　　販売店契約は売買契約そのものではなく取引基本契約であるが，個別契約を含め，本人と代理人の関係にないことを明記することに意味がある。

第5条（販売の制限）

1 乙は，本契約が有効である間，対象地域において，本件製品に類似し又は競合する製品の製造販売を行ってはならない。

2 乙は，対象地域外において，積極的に本件製品を販売してはならない。

［コメント］

　　本条における販売上の制約は，「流通・取引慣行ガイドライン」（46頁参照）においても，原則として容認されている。

　　第1項の関係では，同ガイドラインは，契約時にすでに販売店が取り扱っている競争品の取扱いを制限するものでなければ，原則として問題はないとしているので，この条件を明記する例もある。

　　第2項は，独占的な一手販売権を与えられる以上，見返り的になされる禁止措置である。同ガイドラインも，原則として問題がないとしている。

第6条（個別契約，販売価格，引渡条件）

〔略〕

［コメント］

　　条項内容そのものは，個別の取引次第で別紙に委ねられる部分が多いため省略した。

　　再販売価格を製造者が拘束することは，独占禁止法上違反とされる。希望小売価格を示すだけならば，これによる販売を事実上義務づけない限り，流通ガイドライン上も許される。

第7条（機密保持）

1 乙は，本契約期間中及びその終了後においても，本契約に基づき甲から開示された情報を守秘し，第三者に開示してはならない。

2 乙は，本契約の目的を達成するために必要な乙の役員，従業員に対し前項に定める情報を開示することができる。この場合，乙は当該役員，従業員に対しても乙と同様の守秘義務を負わせるものとし，当該役員，従業員からの情報漏えいに関するすべての責任を負う。

3　理由の如何を問わず本契約が終了した場合，乙は，甲から開示された一切の情報を甲に返還し，以降一切保有しない。

4　本条に定める守秘義務は，次の情報には適用しない。

　(1)　公知の情報若しくは当事者の責めに帰すべき事由によらずして公知となった情報

　(2)　第三者から適法に取得した情報

　(3)　開示の時点で保有していた情報

　(4)　法令，政府機関，裁判所の命令により開示が義務付けられた情報

コメント

　　B to B（企業間）の継続的契約の場合，当事者が互いに，契約上知りえた相手方の秘密情報の守秘を約束することはよくある。本条項においては，モノの供給者である乙だけが甲に対し守秘義務を負う内容になっている。

　　なぜかというと，強靭なサプライチェーンの一端を担う原材料の供給者には，モノの供給とは逆の流れで，どのような最終製品のどの部品の原材料としてこれだけの品質を備えるべきだとか，製造上のノウハウや，生産計画に関し消費者の需要動向とその分析といった秘密情報が，甲を通じて乙に知らされる可能性が大であり，この方向でのデータ移転を重視するからである。

第8条（約束・誓約）

　甲は，甲の工場その他の生産拠点において，児童労働や強制労働の人権侵害が行われておらず，今後も行われないことを約束する。

コメント

　　「約束・誓約条項」と名づけたが，過去から現在までに，人権侵害の労働慣行はなかった事実を表明し，その正しいことを保証するのが，本条第1項の前半部分である。その後半部分では，将来にわたってこうした人権侵害が行われないことを誓約させている。

　　サプライチェーンの人権デューデリジェンスについては，本書の随所でふれてきた（67頁以下他参照）。問題は，サプライチェーンを構成する供給契約の条項に，この種のデューデリジェンスをどう書き込むかである。

本条第2項は，部品の原材料のもとになる鉱物を採掘現場で買い付ける
ケースを想定している。買い付け先は，個人（事業主）であることが多い
かもしれない。ここで求められるデューデリジェンスは，それらの売主
（候補者）が，危機を伴う採掘作業に子どもを従事させたりしていないか
などにつき，しっかり調査することを内容とする。

　サプライチェーンのデューデリジェンスでは，供給の連鎖において，自
社の前者であるサプライヤーを調査しなくてはならない。そのうえで，同
調査義務を果たしていること，および将来にわたって果たしていくことを
「約束・誓約」内容に含ませるのがよい。

第9条（契約不適合責任）

1　乙は，本件製品に契約不適合を発見したときは，甲に対して本件製品
　の修補，代替物の引渡し又は不足分の引渡しのうち甲が指示した方法に
　よる履行の追完請求又は代金減額請求をすることができる。

2　乙は，乙が不具合を知った時から1年以内に限り，前項の請求を行う
　ものとし，それ以降に契約不適合を発見した場合は，対応方法及びその
　条件について，甲と協議の上決定する。

3　本条の規定は，乙による解除権の行使及び甲に対する損害賠償の請求
　を妨げない。

コメント

　契約不適合責任は，2017年の民法（債権関係）改正（2020年4月全面施
行）により，それまでの瑕疵担保責任に代わり導入された。本書の該当箇
所で詳しく解説したが（75頁以下参照），本条項は，英米契約法の「黙示
の保証の原則」に由来しており，内容的には，契約目的への不適合が中心
になる。

　それだけに，サプライチェーンの一部として，本契約の位置づけと目的
を，他条項とりわけ目的条項（第1条）との関係で明確に示せるかがポイ
ントになる。

第10条（合意管轄）

本契約に関する訴えは，○○地方裁判所を第一審の専属的合意管轄裁判

所とする。

第11条（協議）

　本契約に定めのない事項及び本契約の解釈につき疑義の生じた事項については，甲乙誠意をもって協議し，これを解決するものとする。

3 SCMによる下請契約と下請法 3条書面の例

　請負人が請負った仕事の全部または一部を，第三者にさらに請け負わせることを下請負というが，そのための契約のすべてが下請法で規制されるわけではない。

　ただ，下請法の適用対象になる親事業者と下請事業者の間で下請契約が取り交わされる場合には，同法3条に基づく書面の作成，交付が義務づけられる。とくに，元請事業者が親事業者となって，SCM（サプライチェーン・マネジメント）を採用して，製作物の供給を下請けさせた場合においては，下請法に違反するおそれが生じやすい。

　そこで，以下においては，公正取引委員会の「サプライチェーン・マネジメントに関する考え方」（12頁以下参照）に沿った内容の下請契約と「3条書面」の書式サンプルをもとに，条項などへのコメントをした。なお，元請契約として，182頁以下の「製作物供給取引基本契約書」12条の下で発注者の承諾を得た場合を想定している。

製作物供給請負契約

　B株式会社（以下「甲」という。）と株式会社C（以下「乙」という。）は，△△△△（以下「本製品」という。）の製作供給に関し，以下のとおり合意する。

第1条（目的）

　本契約は，甲が，A株式会社との間で，20○○年○○月○○日に締結した製作物供給取引基本契約（以下「元請契約」という。）の下で製作供給を約した製品「○○○」全部の製造を，乙にさらに請負わせることを目的

とする。

第2条（本契約と個別契約，「3条書面」との関係）

本契約は，本製品に関し別途甲乙間で締結される個別契約についても適用される。個別契約と本契約の内容が異なる場合は，本契約の規定が優先する。

甲は，乙に対し本契約締結後直ちに，下請代金の額，納期，発注数量等を記載した本契約添付の書面を交付する。

コメント

本契約は，元請契約として，A社とB社（甲）が本書第3部の3「製作物供給取引基本契約書」（182頁以下）を取り交わし，同契約における請負人乙が，さらに下請負人C社（乙）と製品供給請負契約（本契約）を取り交わした前提で作られている（下図参照。）

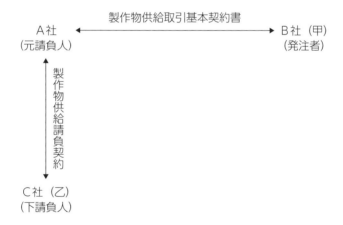

コメント

下請法3条の要求する「3条書面」には，「下請代金支払遅延防止法第3条の書面の記載事項等に関する規則」（3条規則）に定める事項を全て記載しなければならないが，その様式には特に制約はないので，それぞれの親事業者において，発注，納品，経理等の個々の下請取引の内容に即したものを作成することができる。また，親事業者と下請事業者の間で取り

交わされる契約書等の内容が，３条規則で定める事項を全て網羅いている場合には，当該契約書等を３条書面とすることが可能であるので，別に書面を作成する必要はないとされている。

「３条書面」の様式，作り方は，ケースに応じてさまざまであり得る。公取委・中小企業庁テキストには，その書式例を９つ載せている。

下記は，そのうち「（書式例５）製造委託の３条書面の例（規則で定める事項を１つの書式に含めた場合）」を参考に，本契約に即して作成した「注文書」である。記載項目の中には，本契約と重複する内容が含まれているが，法令の記載要求を漏らさず対応するためには，参考書式に基づいた「注文書」を別に作成するのが安全である。

注文書

20＿年○月○日

C株式会社　御中

B株式会社

注番	注文年月日	納期		納入場所	

品名・規格			数量(単位)	単価(円)	金額(円)
原材料 支給なし　有償　無償	有償支給原材料の品名	原材料受渡日	数量(単位)	単価(円)	金額(円)

検査完了期日	支払期日	支払方法	有償支給原材料代金の決済期日及び決済方法

○本注文書の単価は，消費税・地方消費税抜きの単価です。支払期日には法定税率による消費税額・地方消費税額分を加算して支払います。

第3条（本製品の製造）

1　甲は，サプライチェーン・マネジメント（SCM）を採用し，その下で
　　乙に対し，本製品の仕様書を提供し，乙はこの仕様書に従って本製品を
　　製造しなくてはならない。
2　本製品の製造にあたり，乙は甲に対し必要な技術支援を行い，技術者
　　を派遣する。その費用は甲の負担とする。

コメント

　　親事業者甲と下請負人乙との間の下請取引である本契約には，甲によっ
てSCMが採用されることを前提としている。

　　公取委の「サプライチェーン・マネジメントに関する考え方」は，次の
ように述べる。

　　　　SCMを採用することは，親事業者と下請事業者が長期の需要予測
　　　データを共有することによって，効率的な生産体制を構築し，市場の
　　　変化による需要の増減に対して機動的に対応することが可能となるな
　　　ど，親事業者及び下請事業者の双方の利益となると考えられる。他方，
　　　親事業者が提示する需要予測データと実際の製造委託数量にかい離が
　　　生じる際に，親事業者の部品の引き取り範囲を明確にしていない場合
　　　には，下請事業者に在庫負担を強いるおそれもある。

第4条（納入）

〈省略〉（183頁参照）

コメント

　　本契約は，元請契約の全部を，元請事業者の承諾を得て，乙に下請けさ
せるものである。この下請取引には，下請法の適用があるとすると，親事
業者がSCMを採用する場合，往々にして，「3条書面」に記載の，日ごと
の納入数量は日々の納入指示書によって調整され，同書面に記載された数
量が受領されない場合が発生する。

　　この場合でも，公取委の「考え方」は，以下の措置が講じられる場合は，
下請事業者に不利益を与えるものでなく，下請法4条1項1号の「受領拒
否」にならないとする。

① 3条書面記載の数量と納入指示書の数量にかい離が生じないように努めることとし，当該部品の製造委託が終了する際には，3条書面記載の数量の部品を親事業者がすべて受領すること。
② 毎月の下請代金の額を算定するための締切日において，親事業者が実際に受領した数量が3条書面記載の数量の合計を下回る場合，そのかい離は親事業者と下請事業者であらかじめ合意した可能な限り最小限の範囲内とし，当該範囲を超えて下回る数量がある場合には，締切日において受領すること。
③ 3条書面記載の数量と納入指示書の数量にかい離がある場合に，あらかじめ合意された範囲内であるとしても，そのかい離によって下請事業者に生じる費用（保管費費用，運送費用等）は親事業者が負担すること。

第5条（検査）

〈省略〉（183頁参照）

第6条（引渡しと危険負担）

〈省略〉（183頁参照）

第7条（契約不適合責任）

〈省略〉（183頁参照）

第8条（支払）

1　甲は，毎月末日までに検査に合格した本製品の代金を，翌月末日限り，乙の指定する銀行預金口座に振り込んで支払う。なお，振込手数料は甲の負担とする。
2　甲が乙に対し本契約以外において債権を有する場合，その弁済期にかかわらず，いつでも前項に定める請負代金債務と対等額において相殺することができる。

コメント

　親事業者がSCMを採用する場合，下請法4条1項1号（受領拒否）や同2号（支払遅延）が生じないようにしなくてはならない。この場合，下請事業者が親事業者の指定する倉庫に部品を預託し，親事業者が倉庫から出庫（使用）する，預託方式をとることがある。親事業者は，預託物を自由に出庫できるので，特別の定めがなければ，預託した日が受領日となり，その日から60日以内に下請代金を支払わなければ支払遅延が生じてしまう。

　ただ，公取委の「考え方」によれば，下請事業者が倉庫に預託したもののうち，「3条書面」記載の受領日前に預託された数量分については，親事業者または倉庫事業者を占有代理人として，下請事業者が自ら占有していることとし，「3条書面」記載の受領日に受領があったものとして取り扱われる。

　また，一般的な預託方式では，親事業者が倉庫から出庫し，使用した数量に対して下請代金の額を支払うこととなり，毎月の下請代金額算定締切日において，親事業者が実際に出庫・使用した数量が「3条書面」記載の数量の合計を下回る場合が生じることとなるが，以下の措置が講じられる場合には，下請事業者に不利益を与えるものではなく，下請法に違反しないとされる。

①　当該部品の製造委託が終了する際には，「3条書面」記載の数量の部品を親事業者がすべて受領すること。

②　毎月の下請代金の額を算定するための締切日において，親事業者が実際に出庫・使用した数量が3条書面記載の数量の合計を下回る場合，そのかい離の範囲を親事業者と下請事業者との間で可能な限り最小限の範囲内にあらかじめ合意し，当該範囲を超えて下回る数量がある場合には，締切日に当該範囲を超えて下回る数量を親事業者が受領すること。

③　親事業者が実際に出庫・使用した数量と3条書面記載の数量の合計のかい離があらかじめ合意された範囲内であるとしても，そのかい離によって下請事業者に生じる費用（保管費用，運送費用等）は，親事業者が負担すること。

下請代金の設定につき，「考え方」は，以下のように述べている。

　「下請取引においては，親事業者が下請事業者に対して，通常支払われる対価に比し著しく低い下請代金の額を不当に定める場合には，下請法第4条第1項第5号（買いたたき）に当たる。

したがって，下請取引においてSCMを採用する場合にも，親事業者は，下請事業者と十分協議を行い，運送費など下請事業者に生じる費用を踏まえ，下請代金の額を設定しなければならない。

　また，例えば，親事業者は，単価を，需要予測に基づく数量を前提に設定したにもかかわらず，実際の製造委託数量が当該予測を著しく下回る場合には，下請法第4条第1項第5号（買いたたき）に違反するおそれがある。このような場合には，親事業者は下請代金の額の見直しが必要となる。」

第9条（合意管轄）

　本契約に関する訴えは，○○地方裁判所を第一審の専属的合意管轄裁判所とする。

第10条（協議）

　本契約に定めのない事項及び本契約の解釈につき疑義の生じた事項については，甲乙誠意をもって協議し，これを解決するものとする。

第**3**部

契約書ひな型集

1 仕入先向け取引基本契約書

　　サプライチェーンの「前半」部を成す契約のうち，部品調達のための契約を主に想定している。冒頭の記載からうかがえるように，売買や請負の混合契約になっている。

　　本書の立場は，サプライチェーン・マネジメント（SCM）によってサプライチェーンの強靭化をはかるというものである。そのため，本契約では，調達者が要求する品質や製造計画などを具体的に，関連する条項中で明記するようにすべきであろう。

　　前提として，調達の目的などを明確にする「目的条項」を設けるのがよい（その内容については，72頁以下参照）。

取引基本契約書

　A株式会社（以下「甲」という。）とB株式会社（以下「乙」という。）は，甲又は甲が別途乙に通知する甲の子会社を注文者，乙を受注者とする両者間の売買，製作物供給，請負等の取引に関する基本的事項に関し，以下のとおり合意する。

第1条（適用範囲）

　　本契約は，別段の定めがない限り，甲を注文者，乙を受注者とする，甲乙間の売買，製作物供給，請負等の取引にかかる個々の契約（以下「個別契約」という。）に共通して適用するものとする。なお，甲が別途乙に通知する甲の子会社が注文者となる場合もその個別契約には本契約が適用されるものとし，この場合，当該子会社を甲として読み替えるものとする。

第2条（個別契約）

1　甲及び乙は，個別契約において，次の事項を定めるものとする。但し，甲乙

協議により，その一部を，予め別に定めることができるものとする。
　(1)　発注年月日
　(2)　目的物（役務の提供等を含む，以下同じ。）の名称，仕様及び数量
　(3)　納期，納入場所，受入検査その他の引渡条件
　(4)　代金の額，単価，支払日及び支払方法
　(5)　その他甲乙協議の上決定する必要がある事項
　(6)　甲から乙に対する支給品がある場合には，それにかかる前各号の事項
2　個別契約は，甲が発行する前項の事項を記載した注文書に対し，乙がこれを承諾することにより成立する。但し，甲の注文書発行後7日以内に，乙が諾否を回答しないときには，乙は，かかる注文を承諾したものとみなす。
3　前項の規定にかかわらず，甲は，別途乙と協議の上，第1項所定の事項を通信回線を通じて乙に通知し，又はこれを磁気記録媒体等に記録して乙に交付することにより，注文書の発行に代えることができるものとする。
4　甲及び乙は，個別契約の内容を変更する必要が生じた場合，速やかにその旨を相手方に通知し，両者協議の上，これを変更することができる。なお，個別契約を変更する場合，当該個別契約にかかる注文書等を訂正し，又は新たにこれを作成するものとする。
5　前項の変更により損害が生じた場合の取扱いは，次の各号によるものとする。
　(1)　甲の責に帰すべき事由により乙が損害を被ったときは，乙は，甲に対して，かかる損害の賠償を請求できる。但し，乙は，かかる損害が最小となるよう協力するものとする。
　(2)　乙の責に帰すべき事由により甲が損害を被ったときは，甲は，乙に対して，かかる損害の賠償を請求できる。但し，甲は，かかる損害が最小となるよう協力するものとする。
　(3)　甲乙いずれの責に帰すべきか不明な事由又は甲乙いずれの責にも帰さない事由により甲又は乙が損害を被ったときは，甲乙協議する。但し，甲及び乙は，かかる損害が最小となるよう協力するものとする。
6　乙は，やむを得ない事由により納期，数量その他の第1項所定の事項を変更する必要がある旨を甲から通知された場合は，速やかに即応体制を整えるよう努力するものとする。

第3条（価格）

1　目的物の価格は，甲乙両者が誠意をもって協議し，相互理解のもとに定める。

2　乙は，甲が要請したときは，目的物の価格の決定及び変更の協議にあたり，甲に対して，予め見積書を提出するものとする。なお，甲の仕様に基づく目的物については，乙は，甲所定の様式による見積書を使用するものとする。

第4条（納期）

1　納期とは，個別契約に定める納入場所に目的物を納入すべき日をいい，乙はこれを厳守しなければならない。

2　乙は，目的物の納入にあたり，甲所定の納品書及び当該目的物にかかる甲より貸与を受けた図面，仕様書その他の技術資料（以下「貸与資料」という。）を添付するものとする。但し，継続的に納入する目的物にかかる貸与資料についてはこの限りでなく，乙は善良な管理者の注意義務をもって保管する。

3　乙は，納期前に目的物を納入しようとするときは，予め甲の書面による承諾を得なければならない。

4　乙は，やむを得ない事由により納期に目的物を納入場所に納入することができないときは，直ちにその理由と納入可能日を甲に通知し，甲の指示に従うものとする。

5　乙の納入遅延に起因して甲が損害を被った場合には，乙は，甲の請求により，これを賠償する。

第5条（受入検査）

1　甲は，乙による目的物の納入後，遅滞なく受入検査を行い，その検査結果を乙に通知する。

2　甲は，乙の同意を得て，乙の目的物の製造場所又は保管場所において受入検査又はその予備検査を行うことができるものとし，乙はこれに協力する。

3　前2項の規定にかかわらず，甲は，乙と協議の上，別途契約により，受入検査を乙に委託することができる。但し，かかる定めは第8条による乙の責任を減免するものではない。

第6条（不合格品の処置）

1　乙は，納入した目的物が受入検査の結果不合格となった場合，甲の指示に従

い，直ちに，代替品の納入その他の処置をとり，かつ，かかる不合格となった目的物（以下「不合格品」という。）を当該受入検査の結果が通知された日から7日以内に引き取るものとする。

2 乙が前項の期間内に不合格品の引取りを完了しないときは，甲は，かかる不合格品を乙に返送し，これに要する費用を乙に請求することができるものとする。なお，当該期間中に不合格品に滅失，毀損，減量，変質，その他の損害が生じたときは，甲の責に帰すべき事由による場合を除き，乙がその危険を負担するものとする。

3 前2項の定めにかかわらず，甲は，不合格品であっても，甲の工夫により使用可能であり，かつ代替品の納入を受けるいとまがない目的物については，その価格を値引きしてこれを引き取ることができるものとする。なお，かかる値引額については，甲乙協議の上定めるものとする。

第7条（引渡し及び所有権の移転）

1 目的物は，第5条の受入検査に合格したときに引き渡され，かかる引渡しの完了時点でその所有権は乙から甲に移転するものとする。但し，前条第3項の値引採用の場合には甲が決定した時点，また第5条第3項に基づき甲が乙に受入検査を委託した場合には甲がその結果を確認した時点とする。

2 前項の引渡しが完了するまでに目的物に滅失，毀損，減量，変質，その他の損害が生じたときは，甲の責に帰すべき事由による場合を除き，乙がその危険を負担するものとする。

第8条（品質保証責任）

1 前条第1項に定める引渡し後36ヵ月以内に（両者間で別段の定めがある場合にはそれに従う。）目的物に契約不適合が発見されたときは，乙は，甲の指示に従い，当該目的物の代替品を納入し，これを修理し若しくは甲による修理に要する費用を負担し，又は代金を減額し，あるいはこれらに代え，又はこれらとともに当該瑕疵により甲が被った損害を賠償するものとする。但し，甲の責に帰すべき事由による場合はこの限りでない。なお，下請代金支払遅延等防止法が適用される個別契約において，目的物に瑕疵が発見されたときに乙が責任を負う期間及び内容については，同法の定めに従うものとする。

2 前項の期間経過後といえども，目的物に乙の責に帰すべき事由による重大な

契約不適合が発見されたときは，乙は前項と同様の責任を負うものとする。かかる責任の範囲，金額等については甲乙協議の上定めるものとする。

3　発見された時期の如何を問わず，目的物に契約不適合が発見された場合，乙は，甲が行う原因の究明，対策の実施等につき，積極的に協力するものとする。

4　乙は，目的物の品質を維持向上させ，瑕疵の発生を防止するために，ISO9001若しくはISO/TS16949又は当該規格で定められているのと同等の品質管理体制を構築及び維持するものとする。

第9条（製造物責任）

1　乙は，目的物の欠陥により第三者の生命，身体又は財産に損害が生じることのないように，その開発，設計，原材料調達，製造，加工，検査等において，安全性を確保するために十分な対策を講ずるものとする。

2　甲及び乙は，目的物に欠陥があること又はその恐れがあることを知った場合には，直ちに，その旨を相手方に通知し，乙は，甲の要請に応じて，その原因の究明に協力するものとする。甲は，必要があれば乙と協議の上，当該欠陥又は欠陥の恐れの除去及び事故発生防止のための適切な措置（目的物及びそれを使用し既に出荷された製品の回収及び修理を含む。）を決定することができるものとする。この場合，乙は，甲が被った損害及び当該措置のために要した費用を賠償するものとする。かかる賠償の範囲，金額等については，甲乙協議の上決定するものとする。

3　目的物又は目的物を使用した製品により第三者の生命，身体又は財産に損害が生じた場合，乙は，甲の要請に応じて，甲に対し，当該損害の原因の全部又は一部が目的物の欠陥であるかどうかを調べるために必要な技術的協力を行うものとする。

4　目的物の欠陥により第三者の生命，身体又は財産に損害が生じたとして，当該第三者が損害賠償を請求した場合，乙は甲の選択に応じて，次の各号のいずれかのとおり対応する。

⑴　乙の責任と負担において，これを全て防御，処理及び解決する。

⑵　甲による防御，処理及び解決に対して必要な技術的協力を行い，甲が被った損害及びこれに要した費用を賠償する。かかる賠償の範囲，金額等については，甲乙協議の上決定するものとする。

第10条（代金の支払）

甲は，乙に対し，甲乙間で別に定める方法により，乙より引渡しを受けた目的物の代金を支払う。

第11条（貸与品）

1 目的物の生産に必要な金型，機械，設備，治工具等については，原則として，乙が自己調達する。但し，甲は，特に必要があるときは，乙と協議の上，これを乙に貸与することができるものとし，貸与の条件については，次項から第5項までの規定によるほか，甲乙間で別に定めるものとする。

2 乙は，前項に基づき甲から貸与された金型等（以下「貸与品」という。）を善良な管理者の注意をもって使用，管理し，次の各号の事項を遵守するものとする。

　⑴ 甲が指定する貸与品については，甲からの貸与物件である旨を明示するための標識を付する。

　⑵ 甲の要求があるときは，貸与品の使用及び保管の状況につき，甲に報告する。

　⑶ 甲又は甲の指定する者が，貸与品の使用及び保管状況を調査するため，乙の工場，事務所等に立入るときは，これに協力する。

　⑷ 貸与品を定期的に検査し，異常を認めた場合は直ちに甲に通知する。なお，かかる検査の時期，方法等及び当該異常の処置については，甲乙協議の上定めるものとする。

　⑸ 貸与品にかかる甲の所有権が第三者に侵害され，またそのおそれのあるときは，直ちにその旨を甲に通知するとともに，その排除のために必要な措置をとる。

3 乙は，甲の事前の書面による承諾を得ることなく，貸与品の原状変更，貸与目的以外での使用，第三者への転貸，譲渡，担保提供その他の処分をしてはならない。

4 乙は，貸与品の受領，設置，据付，返還のための費用，通常の使用に必要な維持補修費，乙の責に帰すべき事由による破損の修繕費等を負担するものとする。

5 乙は，甲の要求があるときは，直ちに，貸与品を原状（適正な使用・管理状

態における損耗・摩耗等を除く。）に復したうえで，甲に返還する。但し，緊急を要する場合に甲が特に要請したときは，乙は，貸与品を現状のままで甲に返還するとともに，甲による原状回復に要する費用を負担するものとする。

第12条（支給品）

1 目的物の生産に必要な原材料，部品等（以下「支給品」という。）については，原則として，乙が自己調達する。但し，甲は，特に必要があるときは，乙と協議の上，支給品を有償又は無償で支給することができるものとし，支給の条件については，次項から第9項までの規定によるほか，甲乙間で別に定めるものとする。

2 有償支給品の対価は，甲乙協議の上定めるものとし，乙は，甲より引渡しを受けた有償支給品の代金を甲乙間で別に定める方法により，甲に支払う。

3 支給品の引渡し場所は，原則として，甲が指定する場所とする。乙は，支給品の引渡しを受けたときは，遅滞なくこれを検査し，契約不適合を発見したときは，直ちにその旨を甲に通知し，甲の指示に従うものとする。製造又は加工の途中で支給品の契約不適合を発見したときは，直ちに当該支給品にかかわる作業を中止し，甲に通知し，甲の指示に従うものとする。

4 無償支給品並びにこれを用いた仕掛品，半製品及び完成品の所有権は甲に属する。有償支給品の所有権は，乙が当該有償支給品の代金を甲に支払ったときに甲から乙に移転するものとする。

5 乙は，支給品を有償無償の如何を問わず，善良な管理者の注意をもって使用，管理し，次の各号の事項を遵守するものとする。

⑴ 甲の要求があるときは，いつでも支給品の棚卸の結果を甲所定の様式により報告する。

⑵ 甲又は甲の指定する者が，実地棚卸のため，乙の工場，事務所等に立入るときは，これに協力する。

⑶ 乙は，支給品にかかる甲の所有権が第三者に侵害され，またそのおそれのあるときは，直ちにその旨を甲に通知するとともに，その排除のために必要な措置をとる。

6 乙は，乙の責に帰すべき事由により支給品を滅失又は毀損したときは，甲の指示に従い，乙の費用により，原状に復するか又は代替支給品の再受給を受け

るとともに，甲の被った損害を賠償するものとする。

7　乙は，甲の書面による事前承諾を得ることなく，支給品の支給目的以外での使用，第三者への貸与，譲渡，担保提供その他の処分をしてはならない。

8　乙は，甲が必要と認めるときは，代金未決済の有償支給品について，乙の負担で甲を被保険者とした損害保険を付保するものとする。なお，その詳細は甲乙協議の上定めるものとする。

9　乙は，有償無償の如何を問わず，余剰の支給品（支給品の残存屑を含む。）が生じたときは，直ちに甲に通知し，甲の指示に従うものとする。

第13条　（図面管理）

1　乙は，貸与資料を善良な管理者の注意をもって管理し，甲の事前の書面による承諾を得ることなく，貸与目的以外での使用，複写，第三者への譲渡，貸与その他の処分をしてはならない。

2　乙は，目的物の製造の終了，中止若しくは仕様の変更等があったときは，直ちに貸与資料を甲に返還する。

第14条　（補修部品の供給，目的物の生産中止）

1　乙は，甲が目的物を継続的に注文しなくなった後においても，補修部品用としての甲への目的物及びその部品の供給につき協力するものとする。なお，供給期間，価格等の詳細については，甲乙協議の上定めるものとする。

2　乙は，目的物の製造又は販売を中止（以下「生産中止」という。）しようとするときは，次の各号の事項を遵守するものとする。

⑴　生産中止の少なくとも1年前に，書面にてその旨を甲に通知する。

⑵　目的物の最終購買機会を甲に供与する。

⑶　前号に定める他，甲及び甲の顧客による目的物及び目的物を使用した製品の調達に支障を生じさせないための手段を，甲乙協議のうえ実施する。

第15条　（知的財産権の帰属）

1　乙は，甲から開示を受けた技術情報に基づき，特許権，実用新案権，意匠権，商標権，著作権，半導体チップ製品に関する回路配置利用権等（以下「知的財産権」という。）の対象となりうるべき発明，考案，意匠の創作，著作，回路配置等をなした場合，速やかに甲に通知するものとし，その権利の帰属及び取

扱については甲乙協議の上定めるものとする。

2　個別契約の内容が著作物の製作請負又はそれを含む場合には，当該目的物に関する著作権は，創作と同時に甲に移転するものとし，乙は著作者人格権を行使又は主張しないものとする。また，これにより，著作権法第27条及び第28条に規定する権利も甲に移転し乙に留保されないものとする。

第16条（知的財産権の侵害）

1　乙は，甲に納入する目的物に関連した第三者の知的財産権の侵害が生じないことを保証する。但し，甲の責に帰すべき事由による場合はこの限りでない。

2　乙は，目的物に関連した知的財産権の侵害又はその恐れを知ったときは，直ちに，その旨を甲に通知する。目的物に関連した第三者の知的財産権の侵害を理由として申し立てられる差止請求，損害賠償請求又はその他の請求に基づく紛争若しくは訴訟が発生した場合には，乙は，乙の責任と負担において，これを防御，処理及び解決し，甲に何らの損害を及ぼさないものとする。

3　前項に定める紛争又は訴訟を提起した当事者が乙との間の解決を希望せず，甲との間の解決を希望する場合には，乙は，甲に対し，甲が行う防御，処理及び解決につき，技術資料の提供等により，可能な限り協力するとともに，かかる防御，処理及び解決のために甲が被った損害を賠償するものとする。

第17条（輸出管理）

1　甲及び乙は，本契約及び個別契約の履行に際し，日本の「外国為替及び外国貿易法」及び適用のある米国の「輸出管理法」並びにこれらの関連法令（以下総称して「輸出関連法規」という。）を遵守するものとする。

2　乙は，目的物又は目的物に関連して甲へ提出される技術情報が輸出関連法規により規制されている貨物又は技術に該当する場合には，甲への当該目的物の納入に際し，甲に提出する見積書，仕様書，納品書等にその旨を明記する等により，甲にこれを通知するものとする。

3　乙は，支給品，貸与品，貸与資料及び目的物の製造のために甲から別途購入した金型等を輸出（外国への持ち出し，商社等を通じた間接輸出，国内における非居住者への開示を含む。）する必要が生じた場合，直ちにその旨を甲に通知し，甲の承諾を得るものとし，甲から指示があればこれに従うものとする。

第18条 (化学物質管理)

1　乙は，本契約及び個別契約の履行に際し，「化学物質の審査及び製造等の規制に関する法律」その他，国内外で適用のある化学物質の不使用又は使用制限に関する法令及び規則を遵守し，かつ，目的物及び目的物に使用されている化学物質がこれら法令及び規則に適合するものであることを保証する。万一，乙がこれら法令又は規則の違反又はその恐れがあることを知った場合には，直ちにその旨を甲に通知するものとする。

2　目的物が，甲が別途乙に通知する環境負荷化学物質に該当し，これを含有し，又はその製造過程においてこれを使用する場合，乙は，当該目的物の納入前に，甲に提出する仕様書への記載その他の適切な方法により，これを甲に通知するものとする。

第19条 (法令遵守全般)

　　乙は，前2条に定める他，本契約及び個別契約の履行に際し適用される法律を遵守するものとする。

第20条 (反社会的勢力の排除)

1　甲及び乙は，自ら又はその代表者，責任者若しくは実質的に経営権を有する者が，暴力団，暴力団員，暴力団準構成員，暴力団関係企業，総会屋，社会運動標ぼうゴロ，特殊知能暴力集団，暴力団員等に対して資金提供を行う等の密接な関係を有する者等の，反社会的勢力（以下「反社会的勢力」という。）に該当しないことを表明し，かつ将来にわたっても該当しないことを保証する。

2　甲及び乙は，次の各号に掲げる行為を行わないことを表明する。

(1)　暴力的な方法による要求をすること

(2)　法的な責任を超えた不当な要求をすること

(3)　取引に関して，脅迫的な言動をし，又は暴力を用いること

(4)　風説を流布し，偽計を用い又は威力を用いて甲及び乙の信用を毀損し，又は甲若しくは乙の業務を妨害すること

(5)　反社会的勢力である第三者をして前各号の行為を行わせること

(6)　反社会的勢力に対して，名目の如何を問わず資金提供を行うこと

(7)　第三者が反社会的勢力であることを知りながら，当該第三者との取引を行うこと

⑻　その他前各号に準ずる行為

3　甲及び乙は，自らが第1項に該当し，若しくは前項の各号に該当する行為を行い，又はその恐れがあることが判明した場合には，直ちに相手方にその旨を通知しなければならないものとする。

4　甲及び乙は，互いに，相手方による反社会的勢力との関係の有無に関する調査に協力し，相手方から求められた事項については，客観的，合理的なものである限り，これに応じなければならないものとする。

5　甲又は乙は，相手方が，前各項に違反した場合には，何らの催告をなしに直ちに，本契約及び個別契約の全部又は一部を解約又は解除することができる。

6　甲又は乙は，前項に基づき本契約又は個別契約を解除したことにより，相手方に発生した損害について，賠償責任を負わない。

第21条（製造販売の禁止）

　　乙は，甲の書面による事前承諾を得ることなく，貸与資料又は貸与品に基づく製品を自己又は第三者のために製造，販売等をしてはならないものとする。

第22条（機密保持）

　　甲及び乙は，相手方から事前の書面による承諾を得ることなく，本契約及び個別契約に関する事項並びに本契約及び個別契約を通じて知り得た相手方の機密情報を第三者に開示，漏洩しないことは勿論，自己の内部においても，この機密保持のための万全の措置を講じるものとする。但し，次の各号の一に該当する情報は除かれる。

⑴　相手方から提供又は開示を受けた際，既に自らが所有していたことを立証し得る情報

⑵　相手方から提供又は開示を受けた際，既に公知，公用であった情報

⑶　相手方から提供又は開示を受けた後，当事者の責に帰さず公知又は公用となった情報

⑷　当事者の一方が独自に開発したことを立証し得る情報

⑸　当事者の一方が権利を有する第三者から合法的に入手した情報

⑹　官公庁又は法令等の要求により開示される情報

第23条（再委託）

1　乙は，甲の事前の書面による承諾を得ることにより，目的物の製造又は加工の全部又は一部を第三者に委託し又は請負わせることができるものとする。なお，この場合，乙は，本契約及び個別契約に基づき乙が負担する義務と同等の義務を当該第三者に負担させるものとする。

2　乙は，前項に基づき目的物の製造又は加工の全部又は一部を第三者に委託し又は請負わせた場合といえども，本契約及び当該目的物にかかる個別契約により乙が負担する義務の履行を免れない。

第24条（権利義務の譲渡等）

　　甲及び乙は，相手方の書面による事前承諾を得ることなく，本契約及び個別契約に基づく権利又は義務の全部又は一部を第三者に譲渡し，担保に供し又はその他の処分をしてはならないものとする。

第25条（届出等義務）

1　乙は，甲との取引開始の際，及び甲が要求するときに，甲が要求する事項を甲所定の様式により届出るものとする。かかる事項に変更が生じた場合も同様とする。

2　前項に定める届出のほか，乙は，甲の業務上の調査依頼に応じて報告を行うものとする。

3　乙は，甲が次の各号に定める事項に関する報告又は資料の提出を求めたときは，速やかにこれに協力するものとする。

⑴　第8条に定める品質管理体制に関して乙にて定めた所定事項

⑵　第17条，第18条，その他法令遵守に関する事項

4　乙における本契約及び法令の遵守体制の監査を行うために，甲又は甲の顧客その他甲の指定する者は乙の工場，事務所等に立入ることができ，乙はこれに協力する。乙が第23条に基づき目的物の製造又は加工の全部又は一部を第三者に再委託している場合，当該再委託先への立入りについても同様とする。

第26条（不可抗力）

　　甲及び乙は，天災地変，戦争，内乱，その他の不可抗力により，本契約又は個別契約に基づく全部又は一部の義務の履行が不能になった場合は，その責を免れ，相手方と協議の上，本契約又は個別契約の全部若しくは一部の解除をな

し，若しくはこれを変更することができるものとする。

第27条（契約解除）

1　甲及び乙は，相手方が次の各号の事由に該当したときは，催告その他の手続
を要することなく，直ちに，本契約及び個別契約の全部又は一部を解約又は解
除することができるものとする。
　　(1)　手形若しくは小切手を不渡りとし，又は一般の支払いを停止したとき
　　(2)　監督官庁により営業の取消，停止等の処分を受けたとき
　　(3)　第三者より仮差押，仮処分，差押，強制執行若しくは競売の申立又は公租
　　　　公課滞納処分を受けたとき
　　(4)　破産，特別清算，民事再生手続若しくは会社更生手続の申立を受け，又は
　　　　自らこれらを申立てたとき
　　(5)　解散，合併，会社分割，株式交換，株式移転，減資，事業の全部又は重要
　　　　な一部の譲渡等の決議をしたとき
　　(6)　前各号の事由のいずれが発生するおそれがあるとき
2　甲及び乙は，相手方が本契約又は個別契約に違反し，相当な期間を定めて書
面でその是正を催告したにもかかわらず，当該期間内にこれを是正しないとき
には，改めて催告その他の手続を要することなく，直ちに，本契約及び個別契
約の全部又は一部を解約又は解除することができるものとする。
3　前2項の定めは，相手方の契約違反による損害賠償の請求を妨げるものでは
ない。

第28条（期限の利益喪失）

　　甲及び乙は，自らが前条第1項各号の事由に該当したとき又は同条第2項に
基づき相手方から本契約又は個別契約を解除されたときは，本契約及び個別契
約に基づく一切の債務の履行につき，その期限の利益を失うものとする。

第29条（契約終了の効果）

1　原因又は理由の如何を問わず本契約が終了し又は前条第1項若しくは同条第
2項に基づき個別契約が解除されたときは，乙は，貸与資料，貸与品並びにそ
の時点で甲に所有権が帰属する有償支給品，無償支給品，仕掛品，半製品及び
完成品につき，乙の外注先に存するものも含めて，直ちにこれらを甲に返還す

る。

2 甲が前条第1項各号の事由に該当したこと又は同条第2項に基づき甲が相手方から本契約又は個別契約を解除されたことによる場合を除き，本契約が終了し又は同条第1項若しくは同条第2項に基づき個別契約が解除されたときは，乙は，その時点で乙に所有権が帰属する目的物の仕掛品，半製品及び完成品につき，甲がこれらを買い受ける旨の意思表示をなすことにより，直ちに，これが甲に売渡され所有権が移転することを異議なく承諾し，甲に引き渡すものとする。その売渡価格は，有償支給品については甲の支給価格，それ以外は甲が適正に評価した価格によるものとし，甲及び乙は速やかにその精算を行うものとする。

3 前2項に基づく乙による返還又は引渡しの場合に，もし，甲が乙の工場，事務所等に立ち入りこれらを引き取るときには，乙は，これに何等の異議を申し立てることなく同意・協力し，また第三者のもとにあるものについては，甲による引取りに支障のないよう万全の配慮をなすものとする。また，乙は，かかる返還，引渡し又は引取り完了までの間，乙に所有権が帰属する目的物の仕掛品，半製品及び完成品についても，善良な管理者の注意をもって保管するものとする。

4 原因又は理由の如何を問わず本契約が終了した後においても，第8条，第9条，第14条，第15条，第16条，第21条，第22条，第24条及び本条の規定はなお有効とし，甲及び乙は当該条項に基づく義務については，引き続きこれを履行するものとする。

第30条 （有効期間）

本契約の有効期間は，令和○○年○○月○○日より令和○○年○○月○○日までとする。但し，期間満了の1ヵ月前までに甲及び乙のいずれからも書面による異議の申し出がないときは，本契約は同一条件でさらに1年間継続するものとし，以降もこの例による。

第31条 （優先関係）

本契約締結前に甲乙間で締結された「取引基本契約書」（以下「旧契約」という。）がある場合には，本契約の締結と同時にその効力を失うものとする。なお，本契約締結時において有効に存続している旧契約に基づいて成立した個

別契約についても，本契約が適用されるものとする。

第32条（協議）

本契約及び個別契約に関する疑義又は本契約及び個別契約に定めのない事項については，甲乙誠意をもって協議の上解決するものとする。

第33条（合意管轄）

本契約及び個別契約に関して生じた甲乙間の紛争については，○○地方裁判所を管轄裁判所とする。

本契約の成立を証するために本書2通を作成し，各自記名押印のうえ，各1通を保有する。

令和○年○○月○○日

甲　東京都千代田区○○1－1－1

○　○　○　○　印

乙　東京都千代田区○○3－3－3

○　○　○　○　印

2 製作物供給契約書

　サプライチェーンの一部を成す，機械設備の調達契約として本契約を使うことは，もちろんできる。だが，サプライチェーンの調達者側からみると，第5条に規定の担保責任を契約不適合責任として追及しようとするには，調達の目的などが明確に示されていないため，不十分な内容に映る。

　あくまで，この種の契約の最も簡略な例として参考にしてもらえばよいであろう。

製作物供給契約書

　A株式会社（以下「甲」という。）とB株式会社（以下「乙」という。）は，本契約に定める機械設備（以下「本件設備」という。）の製作供給に関し，以下のとおり合意する。

第1条（目的）

　乙は甲に対し，本件設備の製作を依頼し，甲は本件設備を製作して乙に引き渡す。本件設備の内容，仕様等は別途乙が甲に交付する発注書に規定するとおりとする。

第2条（代金）

1　乙は，前条の対価として，金○○○円を甲に対して支払う。その支払方法は次のとおりとする。

　(1)　本件契約締結時　　上記金額の50％を現金にて支払う。

　(2)　本件設備引渡時　　上記金額の50％を次の銀行口座に振り込んで支払う。

　　　銀行名　　○○銀行

　　　支店名　　○○支店

　　　種　別　　当座

口座番号　○○○○○○○

名義人　○○○○

但し，上記金額には，梱包費，輸送費等，目的物の引渡しに必要な費用を含むものとする。

2　次に掲げる場合において，甲が既に行った仕事の結果のうち可分な部分の給付において乙が利益を受けるときは，甲は，その利益の割合に応じた報酬を請求することができる。

⑴　不可抗力その他乙の責めに帰すべき事由によらず本件設備を完成できなかったとき

⑵　本契約が本件設備の完成前に解除されたとき

第3条（納期・引渡し）

1　甲は，本件設備を令和○年○○月○○日までに次の場所にて乙に引き渡す。

東京都中央区○○町3－3－1　乙○○作業所1階

2　前項の引渡しにおいて，甲は，本設備の設置および試運転を行い，乙はそれに立ち会わなければならない。

3　前項の設置試運転の終了をもって，本件設備の所有権は乙に移転する。

第4条（引渡前の滅失・毀損）

1　本件設備が不可抗力により引渡し前に全部滅失・毀損した場合，滅失・毀損前の甲の出来高に応じ，乙は，対価を支払わなければならない。

2　本件設備が不可抗力により引渡し前に一部滅失・毀損したものの本件契約の継続が可能な場合，甲は本件設備を引き続き製作する。この場合に生じる増加費用については乙が負担し，納期については甲乙別途協議の上決定する。

3　本件設備が乙の責めに帰すべき事由により本件設備の全部又は一部の引渡しができない場合には，甲は当該部分について本件設備の引渡義務を免れる。この場合，乙は，第2条第1項に定める対価を甲に対し支払わなければならない。

第5条（担保責任）

1　乙は，本件設備の引渡しを受けた時点で直ちに検査を行い，引渡し後3日以内に検査を完了しなければならない。その結果引き渡された本件設備がその種類，品質または数量に関して本契約または個別契約の内容に適合していない

（以下「契約不適合」という。）ものであった場合には，引渡し後1週間以内に契約不適合の内容を記載した書面により甲に通知しなければならない。

2　前項の通知を甲が受けた場合，甲は本件設備を調査する。乙の通知どおりに契約不適合が存在することを確認できた場合，甲は乙に対し，本件設備にかかる修補（但し，修補に過分の費用がかかる場合を除く。），契約不適合のない物への交換，不足分の引渡し（以下「履行の追完」という。）又は代金減額のいずれかを自らの裁量により選択して行う。

3　契約不適合を理由とする本契約の解除は，契約不適合により契約の目的を達成できない場合に限られる。

4　本条は，契約不適合に対する甲の救済の全てを規定したものであり，乙は，契約不適合に関し，本条に定める以外の請求を甲に対して行うことができない。乙は，第1項に定める期間内に契約不適合を理由として，前項に定める履行の追完，代金減額請求及び契約の解除を行うことができない。

第6条（材料の指定）

乙は，本件設備の品質保持のため必要な場合，甲に対し材料を有償で支給する。但し，甲は，自己の判断でこれを同等の性能を有する他の材料を使用することができる。

第7条（期限の利益喪失）

1　甲が各号の一に該当した場合，何らの催告を要することなく甲の乙に対する債務は当然に期限の利益を失い，甲は，その全額を直ちに乙に対し支払わなければならない。

(1)　本契約の一に反した場合

(2)　支払停止，支払不能に陥った場合

(3)　自ら振り出し若しくは裏書した手形，小切手の不渡りを1回でも出した場合

(4)　電子記録債権について支払不能が発生した場合

(5)　差押え，仮差押え，仮処分，競売の申立て，公租公課の滞納処分その他の他公権力の処分を受けた場合

(6)　破産手続開始，民事再生手続開始，会社更生手続開始，特別清算開始の申立てを受け，又はなした場合若しくは特定調停の申立てをなした場合

⑺　解散，事業の全部又は重要な部分の譲渡決議をした場合

⑻　事業を廃止した場合

⑼　監督官庁より営業停止命令を受け，又は営業に必要な許認可の取消処分を受けた場合

⑽　株主構成，役員の変動等により会社の実質的支配関係が変化し従前の会社との同一性が失われた場合

⑾　その他前各号に準じる事由が生じ，甲の信用状態が悪化したと乙が認めた場合

2　前項の場合において，甲は，何らの責任を負うことなく本件設備の製作を中止ることができ，また何ら催告なくして本契約を解除することができる。

3　第1項，前項の場合に甲に損害が生じた場合，乙はこれを賠償しなければならない。

第8条（損害賠償）

乙が本契約に違反して甲に損害を与えた場合には，乙は，甲に対し，その損害を賠償しなければならない。

第9条（遅延損害金）

乙が本契約上の債務の履行を怠った場合には，乙は，甲に対し，年14.6％の遅延損害金を支払うものとする。

第10条（下請負）

甲は，本契約の全部又は一部を第三者に下請けさせることができる。

第11条（不可抗力）

1　地震，台風，津波その他の天変地異，戦争，暴動，内乱，法令，規則の改正，政府の行為その他の不可抗力により甲が本契約の全部又は一部を履行できない場合であっても，甲はその責任を負わない。

2　前項に定める事由が生じた場合には，甲は乙に対しその旨の通知をする。この通知発送後6か月を経過しても前項の不可抗力事由が解消されず，本契約の目的を達成することができない場合には，甲は，催告なくして本契約の全部又は一部を解除することができる。

第12条（合意管轄）

　本契約から生じる一切の紛争については，○○地方裁判所を専属的合意管轄裁判所とする。

　本契約の成立を証するため本書2通を作成し，各自記名押印のうえ，各1通を保有する。

　令和○年○○月○○日

甲　東京都千代田区○○1-1-1

　　○　○　○　○　印

乙　東京都千代田区○○3-3-3

　　○　○　○　○　印

3 製作物供給取引基本契約書

　本契約は，サプライチェーンの一部をなす部品を調達する契約として使うことができる。ただ，サプライチェーン・マネジメント（SCM）を，完成品メーカー主導のもとで行うのであれば，目的条項（第1条），「仕様書」（第3条）の内容をより充実させる必要がある。

　第12条は，下請けを禁止しているが，乙の承諾があれば第三者に下請けさせることができる。ここに下請法の適用がある場合であれば，「3条書面」の作成など，同法のコンプライアンスが求められる。（154頁以下参照）。

製作物供給取引基本契約書

　A株式会社（以下「甲」という。）とB株式会社（以下「乙」という。）は，○○○○（以下「本製品」という。）の製作供給に関し，以下のとおり合意する。

第1条（目的）
　本契約は，甲が乙の指示に従い本製品を製造し，乙は本製品を甲から購入することを目的とする。

第2条（本契約と個別契約の関係）
　本契約は，本製品に関し別途甲乙間で締結される個別契約についても適用される。個別契約と本契約の条件が異なる場合は，本契約の規定が優先する。

第3条（本製品の製造）
1　乙は，甲に対し，本製品の仕様書（以下「仕様書」という。）を提供し，甲はこの仕様書に従い本製品を製造する。

2　本製品の製造にあたり，乙は，甲に対し必要な技術支援を行い，技術者を派遣する。その費用は甲の負担とする。

第4条（納入）

1　甲は，個別契約に定める納期を遵守し，個別契約に指定された場所において本製品を納入しなければならない。

2　甲が個別契約に定める納期前に本製品を納入する場合，甲は，乙の事前の書面による同意を得なければならない。

3　甲が個別契約に定める納期までに本製品を納入できない場合，甲は，直ちに乙に対し書面をもって通知する。

4　前項の場合，不可抗力による場合を除き，甲は，乙に生じた損害を賠償しなければならない。

第5条（検査）

1　乙は，本製品が納入された時点で直ちに検査を行う。検査方法はロット単位の抜取検査とする。

2　納入された本製品がその種類，品質又は数量に関して本契約または個別契約の内容に適合していない（以下「契約不適合」という。）ことを発見した場合，乙は，その旨甲に対し通知する。甲は乙の指示に従い，乙の指定する期限までに本件製品にかかる修補（修補に過分の費用がかかる場合を除く。），契約不適合のない本件製品への交換，不足分の引渡し（以下「履行の追完」という。）又は代金減額及び契約不適合のある本件製品と超過納入分の引取り若しくは第10条に定める支給品により生じた場合（甲がその指示または支給品が不適当であることを知りながら告げなかった時を除く。）又は乙の責めに帰すべき事由による場合を除く。

第6条（引渡しと危険負担）

1　前条の検査合格をもって，本製品の所有権は甲から乙に移転する。

2　前条の検査合格前の本製品の滅失・毀損については，乙の責めに帰すべき事由による場合を除き甲が負担し，検査合格後の本製品の滅失・毀損については，甲の責めに帰すべき事由による場合による。

第7条（契約不適合責任）

1 乙は，本製品の引渡し後において，本製品の契約不適合を発見した場合には，甲に対し契約不適合の内容を記載した書面により通知を行う。その上で，乙は，甲に対し，第5条第2項に準じる措置を講ずるよう請求することができる。

2 前項の規定は，甲の乙に対する損害賠償請求及び本契約の解除を妨げるものではない。

3 乙は，本製品の引渡しから1年以内に第1項に定める契約不適合に関する通知を甲に対し行わない場合には，契約不適合を理由として，第1項に定める請求並びに第2項に定める損害賠償請求および契約の解除を行うことができない。

4 本契約においては，商法第526条および民法第562条第1項但書の規定は適用されない。

第8条（支払）

1 乙は，毎月末日までに検査に合格した本製品の代金を，翌月末日限り，甲が別途指定する銀行預金口座に振り込んで支払う。但し，振込手数料は乙の負担とする。

2 乙が甲に対し本契約あるいは本契約以外において債権を有する場合，乙は，その弁済期にかかわらず，いつでも前項に定める請負代金債務と対等額において相殺することができる。

第9条（立入検査）

1 乙は，甲の営業時間中いつでも甲の設備を立入り調査し，本製品の生産・品質管理体制を検査することができる。甲は合理的な理由のない限り，乙の検査を拒否できない。

2 甲は，乙に対し，乙の要請があった場合には，本製品の生産，品質管理体制に関する資料を提出しなければならない。但し，その費用については乙が負担する。

第10条（支給品）

1 乙は，甲に対し，本契約又は個別契約に必要な材料（以下「支給品」という。）を甲に支給することができる。

2 支給品の有償・無償の別，その対価，引渡場所などについては，別途甲乙協議して決定する。

3 甲は，支給品の引渡しを受けた場合には直ちに検査して，契約不適合，数量の過不足があった場合には乙に通知する。乙はその場合，契約不適合のないものを代替納入するか，代金を減額するかのいずれかの措置をとる。

4 無償支給品及び代金支払前の有償支給品の所有権は，乙に帰属する。

第11条（支給品の管理）

1 甲は，支給品を善管注意義務をもって管理し，乙の事前の書面による同意なくして，支給品を本契約又は個別契約以外の目的に使用し，若しくは譲渡，担保設定，使用許諾その他一切の処分を行ってはならない。

2 甲は，支給品を自己の財産と混同しないように保管し，その所有関係を明らかにしなければならない。

3 甲は，支給品に対し第三者から差押え，仮差押え，仮処分，強制執行等を受けるおそれがあることが判明した場合には，直ちに乙に通知する。

4 甲は，支給品が滅失・毀損した場合，直ちに通知する。この場合，乙の責めに帰すべき事由による場合を除き，甲がその危険を負う。

5 甲は，自己の費用をもって支給品について，乙が指定する条件を満たす損害保険に付保しなければならない。

第12条（下請負の禁止）

1 甲は，乙の事前の書面による承諾なく，本契約又は個別契約の全部若しくは一部を第三者に下請けさせてはならない。

2 甲が前項の承諾を得て本契約又は個別契約の全部若しくは一部を第三者に下請けさせる場合，下請業者の名称，所在地その他乙が指定する事項を事前に乙に届け出なければならない。

3 甲は，下請業者に対し，本契約，個別契約及び個々の乙の指示を遵守させなければならない。甲は，下請業者の選任監督を含め，そのすべての行為について責任を負う。

第13条（類似品製造販売の禁止）

甲は，乙の事前の書面による承諾なく，仕様書に基づき製造した本製品又は本製品に類似した製品を製造し又は第三者に販売してはならない。

第14条（秘密保持）

甲は，本契約中及び本契約終了後も，仕様書の内容，乙から提供された本製品に関する技術情報，支給品に関する技術上の情報その他本契約に基づき乙から提供された情報を守秘し，本契約の目的のためにのみ使用し，乙の事前の書面による承諾なく第三者に開示してはならない。但し，次の場合を除く。

⑴　公知又は本契約上の義務違反によらずに公知となった事実

⑵　開示前から保有していた事実

⑶　第三者から守秘義務を負わずに取得した事実

⑷　法律上開示を義務付けられた事実

⑸　政府，裁判所その他の公的機関から開示命令，開示要請を受けた事実

第15条（改良発明）

1　甲は本契約に基づく本製品の製造に関連して特許権，実用新案権，意匠権および商標権その他一切の知的財産権（以下「知的財産権」という。）の対象となり得る発明等をした場合は直ちに乙に通知する。

2　前項の場合，当該発明が乙の提供した技術情報に基づきなされた場合は知的財産権は乙に帰属し，甲乙共同でなされた場合は甲乙共有とし，甲の単独でなされた場合には甲に帰属する。この場合，甲に帰属する知的財産権については，甲は，乙に対し甲乙別途定める条件において実施許諾するものとする。

第16条（契約解除）

1　いずれか一方の当事者が次の各号の一に該当した場合，相手方は何らの催告を要することなく本契約及び個別契約の全部又は一部を解除することができる。

⑴　本契約又は個別契約の一に違反した場合

⑵　支払停止，支払不能に陥った場合

⑶　自ら振り出し若しくは裏書した手形，小切手の不渡りを1回でも出した場合

⑷　電子記録債権について支払不能が発生した場合

⑸　差押え，仮差押え，仮処分，競売の申立て，公租公課の滞納処分その他公権力の処分を受けた場合

⑹　破産手続開始，民事再生手続開始，会社更生手続開始，特別清算開始の申立てを受け，又はなした場合若しくは特定調停の申立てをなした場合

⑺　解散，事業の全部又は重要な部分の譲渡決議をした場合

⑻　事業を廃止した場合

⑼　監督官庁より営業停止命令を受け，又は営業に必要な許認可の取消処分を
　　受けた場合

⑽　株主構成，役員の変動等により会社の実質的支配関係が変化し従前の会社
　　との同一性が失われた場合

⑾　その他前各号に準じる事由が生じ，信用状態が悪化した場合

第17条（契約終了の効果）

1　本契約又は個別契約が理由のいかんを問わず解除又は解約された場合，甲は，
　支給品のほか乙から提供された仕様書，技術情報その他本件製品製造に関する
　一切の情報を乙に返却し，以後保有しない。但し，返却される支給品のうち，
　代金が乙に対し支払済となっているものについては，当該代金を甲に返還する。

2　本契約又は個別契約が解除若しくは解約された場合であっても，既に引渡済
　みの本製品については本契約又は個別契約の条件に従いその代金決済を行う。

第18条（遅滞金）

甲が本契約又は個別契約上の納期までに本製品を納入できない場合，甲は，本
製品を納入する日まで，当該本製品代金合計に年8％の割合を乗じた遅滞金を乙
に支払うものとする。但し，乙に遅滞金を上回る損害が発生している場合には，
乙は，甲に対しその損害賠償を請求でき，乙の実損害が遅滞金合計を下回る場合
であっても甲は本遅滞金全額の支払いを免れない。

第19条（譲渡禁止）

甲及び乙は，相手方の事前の書面による承諾を得ない限り，本契約又は個別契
約上の地位又は本契約又は個別契約から生じる権利義務を第三者に譲渡，担保設
定その他の処分をしてはならない。

第20条（契約期間）

本契約は，本契約書締結の日より1年間有効とし，期間満了前3か月以内に相
手方当事者から本契約を更新しない旨の書面による意思表示がない限り，更に1
年間自動的に更新されるものとし，以後も同様とする。

第21条（合意管轄）

本契約及び個別契約から生じる一切の紛争については，○○地方裁判所を専属的合意管轄裁判所とする。

　本契約の成立を証するため本書2通を作成し，各自記名押印のうえ，各1通を保有する。

　令和○年○○月○○日

甲　東京都千代田区○○1－1－1

○　○　○　○　印

乙　東京都千代田区○○3－3－3

○　○　○　○　印

4 品質保証契約書

　SCM（サプライチェーン・マネジメント）の視点からすると，調達者や最終購買者が求める品質を調達契約のなかで明示することはとくに重要である。ただ，対象物によっても，基本契約のなかで示すには限界があるので，本契約サンプルのように，「継続的商品売買契約に基づ」く別契約にして，より詳細かつ具体的に品質保証の内容を定めることにしたものである。

　ポイントは，第1条の「品質保証体制」づくりにある。製品・商品の設計から輸送まで一貫したSCMが経営戦略に組み込まれている必要がある。

　第2条の「情報交換」においては，必要に応じて，データマーケティングを展開するためのデータ移転などにつき，具体的に書くことになろう。

品質保証契約書

　A株式会社（以下「甲」という。）とB株式会社（以下「乙」という。）とは，甲乙間の令和○年○○月○○日付継続的商品売買契約（以下「原契約」という。）に基づき乙が継続的に販売する製品（以下「本製品」という。）の品質保証に関し，以下のとおり合意する。

第1条（品質保証体制）
1　甲は，本製品に関して設計，製造，検査，保管，輸送等について実効性のある品質保証体制を確立する。
2　甲は，乙の要求により品質保証体制を示す次の書類を乙に提出する。
　(1)　品質保証体系図

(2) クレーム処理体系図

第2条（情報交換）

甲又は乙が要求する場合，当事者は本製品に関する品質に関する情報交換を行うものとする。

第3条（仕様）

1　本製品の仕様については，別途甲が乙に提出する仕様書に記載のとおりとする。

2　甲が前項の仕様書の内容の全部又は一部を変更する場合，事前に乙に通知の上その承認を得るものとする。

第4条（第三者への委託）

甲が本製品の製造の全部又は一部を第三者に委託する場合，甲は，本契約上の品質保証義務と同等の義務を当該第三者に負わせるとともに，当該第三者に対し，本製品の品質確保のために必要な監督を行うものとする。

第5条（検査）

1　甲は，本製品製造工程の最終段階または出荷段階において，本製品が定められた仕様に合致していることを確認するために必要な検査を行う。

2　甲は，乙の事業場内において，本製品の抜き取り検査を別途定める検査項目に従い行う。この場合，乙は当該検査に立ち会うことを原則とする。なお，乙は，本製品の受入検査は行わないものとする。

3　甲は，前項の抜き取り検査の検査成績書を乙に提出する。

第6条（不良品に対する対応）

1　前条の検査により本製品の契約不適合が発見された場合，甲は，当該ロットについて引き取り，改めて本契約に適合する本製品の納入を乙に対し行わなければならない。

2　本製品が前条の検査に合格して納入された後に契約不適合が発見された場合，甲は，改めて契約に適合する本製品を納入するか，代金を減額するか，あるいは無償での修繕を行わなければならない。

3　前項に定める甲の品質保証責任期間は，納入後○年とする。

4　甲は，本製品の契約不適合が予想されるような製造工程上の異常又は本製品
の不良を発見し，又はそれが予想される場合には，直ちに乙に連絡しなければ
ならない。

第7条（製造物責任）

1　本製品の欠陥により乙又は第三者に生命，身体又は財産上の損害を与えた場
合，本製品のリコール費用も含め乙はその損害を賠償しなければならない。乙
が本製品の欠陥により第三者から損害賠償請求を受けた場合も同様とする。但
し，本製品の欠陥が乙の指示により生じた場合はこの限りではない。

2　乙が前項に定める本製品の欠陥による事故発生を知った場合，乙は直ちに甲
に連絡する。

第8条（有効期間）

本契約の有効期間は，原契約と同一の期間とする。但し，本契約の有効期限中
に納入された本製品の品質保証に関しては，本契約終了後もなお本契約の内容が
適用されるものとする。

第9条（合意管轄）

本契約に関する訴えは，甲の本店所在地を管轄する地方裁判所を第一審の専属
的合意管轄裁判所とする。

第10条（協議）

本契約に定めのない事項及び本契約の解釈につき疑義の生じた事項については，
甲乙誠意をもって協議し，これを解決するものとする。

本契約の成立を証するため本書2通を作成し，各自記名押印のうえ，各1通を
保有する。

令和○年○○月○○日

甲　東京都千代田区○○1－1－1
　　○　○　○　○　印
乙　東京都千代田区○○3－3－3
　　○　○　○　○　印

製品等に関するアフターサービス協定書

SCM（サプライチェーン・マネジメント）に基づくサプライチェーン契約においては，製品・商品の供給者が，その品質につき保証する一方で，保証の一環として，製品・商品のアフターサービスを提供する必要がある。

本契約は，取引基本契約の下で，アフターサービス提供に関する特則を定めている。製品の「保障」については，第2条で，「原契約」に規定するほか，別途「覚書」を作成し，具体的内容を書くことにしている。

第5条は，「アフターサービスの協力」として，製造者（乙）からする技術資料の提供を義務づけている。内容には技術データが入るので，データ移転を想定するのであればその点を明記するほうがよい。

アフターサービス協定書

A株式会社（以下「甲」という。）とB株式会社（以下「乙」という。）とは，甲乙間の令和○○年○○月○○日付「○○製品等取引基本契約」（以下「原契約」という。）に基づき，以下のとおりアフターサービス業務について協定を締結する。

第1条（アフターサービスの実施）
　甲は，甲が乙から購入して一般消費者に販売した甲の商標を付した製品（以下「本製品」という。）のアフターサービスを実施する。

第2条（保証）
　本製品の保証は，原契約第○条によるほか，必要に応じ取引別覚書による。

第3条（補修部品の供給）

1 甲は，乙に本製品の補修部品（以下「本部品」という。）を発注し，乙は円
   滑に本部品を供給する。

2 甲は，原則として本製品とともに本部品を発注し，購入保有する。

3 本部品の構成及び包装単位は，甲乙別途協議のうえ定める。

4 乙は，さしつかえない範囲で甲に乙ブランドの共通部品を供給することがで
   きる。

5 本製品の製造終了後，性能部品については経済産業省で定める保有期間を経
   過するまで，また意匠部品・印刷物・包装材料については3年間，乙は，本部
   品を甲の発注に従い供給しなければいけない。

   なお，当該期間終了後の供給についてはその時点で甲乙双方の申出により甲
   乙協議し決定する。

6 前項にかかわらず，甲専門の部品については，各ロット生産時毎に乙に注文
   するものとし，最終生産時は，甲乙協議のうえ，甲は，原則として以降の必要
   数を一括注文するものとする。

7 本部品の仕様変更を行うときは，乙は，本部品の互換性を損なわぬよう対策
   を講じ，また必要あるときは甲乙協議のうえその取扱要領所を添付して本部品
   を供給する。

8 本部品供給のための部品取扱窓口・購入手続及び納入場所は，取引別覚書で
   定める。

9 本部品の納入に係る運賃は，乙の負担とする。

第4条（価格及び納期）

   甲が乙より購入する本部品の価格及び納期は乙の見積りに基づき甲，乙協議の
うえ定める。

第5条（アフターサービスの協力）

1 乙は，アフターサービスに必要な技術資料（サービスマニュアル・パーツリ
   スト等）を甲に提出する。

2 乙は，甲の依頼に応じ，甲に対しサービスに関する技術教育並びに技術指導
   を行う。

3 本製品の仕様が変更又は改良された場合は，乙は，速やかにその旨を書面で

甲に通知し，必要に応じ技術者を派遣し，その取扱いについて指導を行う。

第6条（支払条件）

本部品代金の支払条件は取引別覚書による。

第7条（有効期間）

1　本協定の有効期間は，原契約の有効期間と同一の期間とする。
2　本協定が終了若しくは解除された後といえども，第3条第5項に定める期間中，同条同項，同条第7項（部品変更時の処置）・第4条（価格および納期）・第5条（アフターサービスの協力）に関する定めは有効に存続するものとする。

第8条（協議）

1　甲は乙が本協定の内容を変更したいと旨を書面により申し出たときは，両者協議のうえ本協定の内容を変更することができる。
2　本協定に定めなき事項はすべて原契約の定めによる。原契約に定めなき事項および本契約の定めに関する疑義については，甲乙誠意をもって協議し解決する。

　本契約の成立を証するため本書2通を作成し，各自記名押印のうえ，各1通を保有する。

令和○年○○月○○日

甲　東京都千代田区○○1－1－1

○　○　○　○　印

乙　東京都千代田区○○3－3－3

○　○　○　○　印

6 クレーム補償に関する覚書

SCM（サプライチェーン・マネジメント）に基づくモノの供給契約では，供給者による品質などの保証が重要である。そこで，本書第3部には，基本契約に基づき，同「保障」についての特約的契約書サンプルを，「品質保証契約書」「アフターサービス契約書」として掲げている。

本覚書も，そうした特約的契約の一例とみられる。供給者が，消費者を含む「顧客」の品質クレームに誠意をもって対応することは，サプライチェーンの"クリーン化"の前提条件である。

ただ，最終購買者・消費者に対する製造物責任については，完成品メーカーと部品メーカーのどちらがどこまで負うか，責任分担割合の決め方で意見のくい違いが生じることが少なくない。部品メーカーに一方的に責任を押しつける内容や運用は避けたほうがよいだろう。

覚　書

本クレーム補償手続（以下「本手続」という。）は，A株式会社とB株式会社との間で令和○年○○月○○日に締結した部品取引基本契約書第14条第2項の定めるとおり，部品取引基本契約書の一部を構成するためのものである。甲と乙は，購入部品と購入部品を紐付けた甲及び甲の顧客の製品の工場クレーム及び市場クレームに係る補償に関し，以下のとおり覚書を締結する。

第1条　目的

本手続は，甲乙が相互に立場を尊重し，信頼関係のもとに甲又は甲の顧客の希望に対し，迅速確実なサービスを実施するとともに購入部品の品質の維持向上とクレームの再発防止をはかることを目的とする。

第2条　クレーム補償の定義

クレーム補償とは，部品取引基本契約書第○条第○項により乙が負担する損害補償をいう。但し，リコール等に関しては部品取引基本契約書第○条の定めに従うものとし，本手続は適用されないものとする。

第3条　クレーム補償の定義

クレーム補償を工場クレーム補償と市場クレーム補償の二つに区別し，その内容は次の通りとする。

(1)　工場のクレーム補償

乙の納入した購入部品が，甲又は甲の顧客の工場等から出荷される前に生じた損害の補償

(2)　市場クレーム補償

乙の納入した購入部品が，甲又は甲の顧客の工場等から出荷された後に生じた損害の補償

第4条　工場クレーム補償の内容

部品取引基本契約書第○条第○項の損害が甲に生じたときは，乙は甲に対してその損害の全額を補償する。

第5条　市場クレーム補償の内容

部品取引基本契約書第○条第○項の損害が甲の顧客又は第三者に生じ，甲がこれを補償したときは，乙は甲に対して甲の支払金全額を補償する。

第6条　クレーム補償請求

甲は，乙に対してクレーム補償の請求をするときは，書面をもってこれを行う。

第7条　クレーム補償の原因となった部品の返却

甲は，クレーム補償の原因となった購入部品を甲の費用負担のもとに乙に返却する。但し，購入部品が甲の顧客又は第三者から甲に返却されないときは，この限りではない。

第8条　乙の異議申立て

乙は，第6条のクレーム補償請求の内容に異議があるときは，遅滞なく書面にてその旨理由をつけて申し出るものとし，その申し出があったときは甲，乙協議

の上，これを決定する。

第9条　補償金の支払方法

　補償金の支払については乙が甲に対して売掛債権を有する場合は，これと相殺することによって行い，それ以外の場合は甲の指定する方法によって行う。

第10条　対策事項

　乙の納入した購入部品に製造上又は設計上の瑕疵が発見されたときは，直ちに甲乙協議の上，その有効適切な対策を立てて，これを実施し，事故発生の防止並びに甲及び乙の名声維持のため万全を期すものとする。

7 データの提供に関する契約書

　技術データや顧客データをモノの流れに逆行させながら，両者をうまく噛み合わせて，サプライチェーン全体の強靭化をはかるのが，本書の立場である。

　この立場からは，とくにSCM（サプライチェーン・マネジメント）を採用する場合において，データサプライチェーンによるバックアップが重要な意味をもつ。

　データサプライチェーンの一部を成すデータ取引契約の対象データのうち技術データを，SCMの下でコントロールするのは，完成品メーカーである。SCMによって，商品や物資の供給を一貫した計画を立て管理するため，完成品メーカーの企業経営，とくに生産管理に大きな影響を与える。それだけでなく，部品供給者や販売者の在庫管理，情報システムを変える。

　本契約書を，そうした，SCMに基づくサプライチェーンを支えるデータ取引のために使うのであれば，目的条項を設け，その具体的内容を明記しておくのがよい。なお，本契約では，「派生データ等の取扱い」（第11条）に関し，場合を分けて条項を選べるようになっている。

データ提供に関する契約書

　A株式会社（以下「甲」という。）及びB株式会社（以下「乙」という。）は，甲から乙への○○データの提供に関し，次のとおり契約（以下「本契約」という。）を締結する。

第1条（定義）

本契約において使用される用語の定義は，次の各号に定めるところによるものとする。

① 「提供データ」とは，本契約に基づき，甲が乙に対し提供する，甲が利用権限を有するデータであって，別紙〔省略〕に詳細を定めるものをいう。但し，提供データには，個人情報の保護に関する法律に定める個人情報は含まない。

② 「本目的」とは，乙が，○○することをいう。

③ 「派生データ」とは，乙が，提供データを加工，分析，編集，統合等することによって新たに生じたデータをいう。

第2条（提供データの提供方法）

甲は，本契約の期間中，乙に対して提供データを，別紙〔省略〕に定める提供方法で提供する。但し，甲は，データ提供の○日前までに乙に通知することで別紙の仕様及び提供方法を変更することができる。

第3条（提供データの利用許諾）

1 甲は，乙に対して，提供データを本契約の有効期間中，本目的の範囲内でのみ利用することを許諾する。

2 乙は，本契約で明示的に規定されるものを除き，提供データについて開示，内容の訂正，追加又は削除，利用の停止，消去及び提供の停止を行うことのできる権限を有しない。

3 乙は，甲の書面による事前の承諾のない限り，本目的以外の目的で提供データを加工，分析，編集，統合その他の利用をしてはならず，提供データを第三者（乙が法人である場合，その子会社，関連会社も第三者に含まれる。）に開示，提供，漏えいしてはならない。

4 提供データに関する知的財産権（データベースの著作物に関する権利を含むが，これに限らない。）は，甲に帰属する。但し，提供データのうち，第三者に知的財産権が帰属するものはこの限りではない。

第4条（対価・支払条件）

1 乙は，提供データの利用許諾に対する対価として，甲に対し，別紙〔省略〕の1単位あたり月額○○○○円を支払うものとする。

2　甲は，毎月月末に乙が利用している単位数を集計し，その単位数に応じた利用許諾の対価を翌月○○日までに乙に書面（電磁的方法を含む。以下同じ。）で通知する。

3　乙は，本契約期間中，第1項に定める金額に消費税額及び地方消費税額を加算した金額を，前項の通知を受領した日が属する月の末日までに甲が別途指定する銀行口座に振込送金の方法によって支払うものとする。なお，振込手数料は乙の負担とする。

第5条（提供データの非保証）

1　甲は，提供データが，適法かつ適切な方法によって取得されたものであることを表明し，保証する。

2　甲は，提供データの正確性，完全性，安全性，有効性（本契約への適合性），提供データが第三者の知的財産権その他の権利を侵害しないことを保証しない。

第6条（責任の制限等）

1　甲は，乙による提供データの利用に関連する，又は提供データの乙の利用に基づき生じた発明，考案，創作および営業秘密等に関する知的財産権の乙による利用に関連する一切の請求，損失，損害又は費用（合理的な弁護士費用を含み，特許権侵害，意匠権侵害，その他これらに類する侵害を含むがこれに限らない。）に関し責任を負わない。

2　乙は，提供データの利用に起因または関連して第三者との間で紛争，クレームまたは請求（以下「紛争等」という。）が生じた場合には，直ちに甲に対して書面により通知するものとし，かつ，自己の責任及び費用負担において，当該紛争等を解決する。甲は，当該紛争等に合理的な範囲で協力するものとする。

3　乙は，前項に定める紛争等に起因または関連して甲が損害，損失又は費用（合理的な弁護士費用を含み，以下「損害等」という。）を被った場合（但し，当該紛争等が甲の帰責事由に基づく場合を除く。），甲に対して，当該損害等を補償する。

第7条（利用状況）

1　甲は，乙に対し，乙による提供データの利用が本契約の条件に適合しているか否かを検証するために必要な利用状況の報告を求めることができる。

2　甲は，合理的な基準により，前項に基づく報告が提供データの利用状況を検証するのに十分ではないと判断した場合，○営業日前に書面による事前通知をすることを条件に，1年に1回を限度として，乙の営業所において，乙による提供データの利用状況の監査を実施することができるものとする。この場合，甲は，乙の情報セキュリティに関する規程その他の乙が別途定める社内規程を遵守するものとする。

3　前項による監査の結果，乙が本契約に違反して提供データを利用していたことが発覚した場合，乙は，甲に対し監査に要した費用及び提供データの利用に係る追加の対価を支払うものとする。

第8条（提供データの管理）

1　乙は，提供データを他の情報と明確に区別して善良な管理者の注意をもって管理・保管しなければならず，適切な管理手段を用いて，自己の営業秘密と同等以上の管理措置を講ずるものとする。

2　甲は，提供データの管理状況について，乙に対していつでも書面による報告を求めることができる。この場合において，提供データの漏えい又は喪失のおそれがあると甲が判断した場合，甲は，乙に対して提供データの管理方法・保管方法の是正を求めることができる。

3　前項の報告又は是正の要求がなされた場合，乙は速やかにこれに応じなければならない。

第9条（損害軽減義務）

1　乙は，提供データの漏えい，喪失，第三者提供，目的外利用等本契約に違反する提供データの利用（以下，「提供データの漏えい等」という。）を発見した場合，直ちに甲にその旨を通知しなければならない。

2　乙の故意又は過失により，提供データの漏えい等が生じた場合，乙は，自己の費用と責任において，提供データの漏えい等の事実の有無を確認し，提供データの漏えい等の事実が確認できた場合は，その原因を調査し，再発防止策について検討し，その内容を甲に報告しなければならない。

第10条（機密保持）

1　甲及び乙は，本契約を通じて知り得た，相手方が開示にあたり，書面・口

頭・その他の方法を問わず，秘密情報であることを表明した上で開示した情報
（以下「秘密情報」という。但し，提供データは本条における「秘密情報」に
は含まれない。）を，厳に秘密として保持し，相手方の書面による事前の承諾
なしに第三者に開示，提供，漏えいし，又，秘密情報を本契約に基づく権利の
行使又は義務の履行以外の目的で利用してはならない。但し，法令上の強制力
を伴う開示請求が公的機関よりなされた場合は，その請求に応じる限りにおい
て，開示者への速やかな通知を行うことを条件として開示することができる。

2　前項の規定にかかわらず，次の各号のいずれかに該当する情報は，秘密情報
にあたらないものとする。

①　開示の時点で既に被開示者が保有していた情報

②　秘密情報によらず被開示者が独自に生成した情報

③　開示の時点で公知の情報

④　開示後に被開示者の責に帰すべき事由によらずに公知となった情報

⑤　正当な権利を有する第三者から秘密保持義務を負うことなく開示された情
報

3　被開示者は，本契約の履行のために必要な範囲内に限り，第1項に基づく秘
密保持義務を遵守させることを前提に，自らの役職員又は法律上守秘義務を
負った自らの弁護士，会計士，税理士等に対して秘密情報を開示することがで
きる。

4　本条に基づく義務は，本契約が終了した後も○年間存続する。

第11条（派生データ等の取扱い）

＜データ提供者が，派生データの利用権限及び提供データに基づいて生じた知的
財産権を有さない場合＞【案1】

1　派生データに関しては，当事者間で別途合意した場合を除き，乙のみが一切
の利用権限を有する。

2　提供データの乙の利用に基づき生じた発明，考案，創作及び営業秘密等に関
する知的財産権は，乙に帰属する。

＜データ受領者だけでなく，データ提供者も，派生データの利用権限及び提供
データに基づいて生じた知的財産権の利用権限を有する場合＞【案2】

1　派生データに関して，乙がその利用権限を有し，乙は，甲に対して，○○の

範囲において［○○の目的の範囲において］派生データを無償［有償］で利用することを許諾する。

2　提供データの乙の利用に基づき生じた発明，考案，創作及び営業秘密等に関する知的財産権は，乙に帰属する。但し，乙は，甲に対し，当該知的財産権について無償［有償］の実施許諾をする。

3　派生データ，及び前項の提供データの乙の利用に基づき生じた発明等に関する知的財産権の，乙から甲に対する利用許諾の条件の詳細については，甲及び乙の間において別途協議の上決定する。

4　乙が，派生データを利用して行った事業又はサービスによって売上げを得たときには，乙が得た売上金額の○○％を甲に対して支払う。その支払条件については甲及び乙の間において別途協議の上決定する。

＜派生データの利用権限の有無及び提供データに基づいて生じた知的財産権の帰属を協議で定める場合＞【案3】

派生データの利用権限の有無，並びに提供データの乙の利用に基づいて生じた発明，考案，創作及び営業秘密等に関する知的財産権の帰属については，甲及び乙の間において別途協議の上，決定するものとする。

第12条（有効期間）

本契約の有効期間は，契約締結日から○年間とする。但し，契約の有効期間満了の○カ月前までに甲または乙から書面による契約終了の申し出がないときは，本契約と同一の条件でさらに○年間継続するものとし，以後も同様とする。

第13条（不可抗力免責）

本契約の契約期間中において，天災地変，戦争，暴動，内乱，自然災害，停電，通信設備の事故，クラウドサービス等の外部サービスの提供の停止又は緊急メンテナンス，法令の制定改廃その他甲及び乙の責に帰すことができない事由による本契約の全部又は一部の履行遅滞若しくは履行不能については，甲及び乙は責任を負わない。

第14条（契約解除）

（省略）

第15条（契約終了後の措置）

1　乙は，本契約の終了後，理由の如何を問わず，提供データを利用してはならず，甲が別途指示する方法で，速やかに受領済みの提供データ（複製物を含む。）を全て廃棄または消去しなければならない。

2　甲は，乙に対し，データが全て廃棄又は消去されたことを証する書面の提出を求めることができる。

第16条（反社会的勢力の排除）

（省略）

第17条（残存条項）

　本契約終了後も，第３条第２項及び３項（受領者の義務），第６条（責任の制限等），第10条（秘密保持義務），第11条（派生データ等の取扱い），第14条（解除），第15条（契約終了後の措置），前条（反社会的勢力の排除），本条（残存条項），次条（譲渡禁止），第20条（準拠法），第21条（紛争解決）は有効に存続する。

第18条（譲渡禁止）

（省略）

第19条（完全合意）

（省略）

第20条（準拠法）

（省略）

第21条（合意管轄）

（省略）

　本契約の成立を証するため本書２通を作成し，各自記名押印のうえ，各１通を保有する。

　令和○年○○月○○日

　　　　　　　　　　　　　　　甲　東京都千代田区○○１－１－１

　　　　　　　　　　　○　○　○　○　印

乙　東京都千代田区○○3 - 3 - 3

　　　　　　　　　　　○　○　○　○　印

8 販売店契約書

　販売店契約は，サプライチェーンの供給連鎖における「後半部分」で，中心的役割を果たす。販売店契約書は，一定の地域内で「目的物」を販売する権利を許諾するライセンス契約の性格をもつ。

　基本売買契約の一種でもあるが，売買契約そのものではなく，「売買の要素」については，「個別契約」（第4条）に書かれる。

　販売店を一手販売店に指名し，対象地域・市場における独占的地位を与えるほうが，サプライチェーン・マネジメント（SCM）の戦略的狙いは達成しやすいであろう。

　また，SCMに基づくときは，「販売協力」（第2条）や「販売支援」（第3条）が，その販売戦略の遂行と関わり，重要な意味をもつ。

販売店契約書

　A株式会社（以下「甲」という。）とB株式会社（以下「乙」という。）とは，甲が乙の販売店として乙が開発・製造する○○○○の販売等を行うことに関し，以下のとおり契約を締結する。

第1条（販売）

1. 乙は，乙が開発・製造する○○○○（以下「目的物」という。）を甲に売り渡し，甲は，日本国内における乙の販売店として第三者に販売する目的で，これを乙から買い受ける。

2. 本契約は，甲から乙に発注される目的物にかかる取引に関する契約（以下「個別契約」という。）の全てに適用される。但し，甲及び乙が個別契約において本契約の規定と異なる合意をした場合にはこの限りではない。

3. 本契約中の「サンプル品」とは，目的物のうち書面又は電磁的記録により乙

がサンプル品である旨を表示したものをいう。

第2条（販売協力）

1．甲は，目的物の販売を行うにあたり乙と密接に協力し，目的物の売上の伸長および販路の拡張に努めるものとする。

2．甲は，目的物を第三者に譲渡（無償有償を問わない。）しようとするときは，当該目的物の購入前に（購入後に予定譲渡先が決定又は変更された場合にはその時点で直ちに），乙の指定する予定譲渡先に関する情報を提供するものとする。

3．甲は，前項の情報提供の結果，乙が当該予定譲渡先への譲渡を認めた場合に限り，譲渡を行うことができる。

4．乙は，必要があると判断した場合は，甲に対し，甲が乙に提供することを合意した情報に限り，帳簿等の提出を求め，又は報告書の提出を求めることができる。

5．甲は，乙の事前の書面による承諾なく，目的物の販売の全部又は一部を第三者に委託することはできない。

第3条（販売支援）

1．乙は，次の各号により甲による目的物の販売活動を支援する。但し，支援活動の内容及び頻度は，甲乙協議のうえ決定する。

　(1)　目的物に関する促進情報の提供及び各種販売教育の実施

　(2)　甲乙間の協議促進のための各種会合の開催

　(3)　その他，目的物の販売を行うにあたり，甲乙が協議した結果必要又は適当と認められた支援

2．本契約の有効期間中に限り，甲は，「○○○○販売店」又はこれに類する表示で乙が承認したものを使用することができる。但し，甲は乙の代理権を有するような表示を行わないものとする。

3．本契約の締結は，乙が目的物を甲以外の第三者を通じて顧客に販売することを妨げるものではない。但し，甲及び乙が別途書面により合意する甲の顧客については，この限りではない。

第4条（個別契約）

1．甲及び乙は，個別契約において，発注年月日，目的物の品名，仕様，数量，

単価，納期，納入場所，検査等の受入条件，代金の額，支払日，支払方法等を
定めるものとする。

2．個別契約は，甲が所定の注文書を発行又はデータを発信し，乙がこれに対し
承諾の意思表示を行ったときに成立する。

3．甲は，注文書受領日又は注文データ受信日から5営業日以内に，乙から何ら
かの意思表示が為されない場合，当該期間の満了をもって，承諾の意思表示が
なされたものとみなす。

第5条（個別契約の変更等）

1．甲又は乙は，個別契約を変更する場合，速やかにその旨相手方に通知し，甲
乙合意のうえで当該個別契約にかかる注文書等を訂正し，又は新たにこれらの
書面を作成するものとする。

2．甲又は乙は，前項の変更により損害を被った場合，相手方に対し，当該損害
の賠償を請求できるものとする。

3．前二項にかかわらず，甲は，個別契約に定める納期の○○日前までに乙に通
知することにより，何らの補償責任も負わず当該個別契約の全部又は一部を解
除することができるものとする。

第6条（納入前検査）

1．乙は，甲に対する目的物の出荷に先立ち，目的物が甲の仕様及び受入条件に
適合していることを確認するための検査を行うものとする。当該検査結果に関
する記録の提出を甲から求められた場合，乙は，速やかにこれを提出する。

第7条（納入）

1．乙は，個別契約の定めに従い，目的物を納入するものとする。甲は，乙より
納入のある都度，受領を証する書面を乙に交付するものとする。なお，乙が甲
の指定する納入場所に納入するまでの荷造梱包費，運賃，保険料その他引渡し
に関する一切の費用は，乙の負担とする。

2．乙が自己都合により，納期前の納入を希望するときは，甲の事前の書面によ
る承諾を得るものとする。なお，乙は，目的物の納期遅延が予想される場合，
直ちにその旨を甲に連絡し，甲の指示を受けるものとする。

3．前項の納期遅延により，甲に損害を与えた場合，甲は乙に対して損害賠償を

請求することができるものとする。但し，目的物がサンプル品である場合はこの限りではない。

4．第2項の納期遅延が，天災，地変その他不可抗力に起因する場合には，乙は，甲に対し，債務不履行の責任を負わないものとし，納期の延長につき甲乙協議のうえ決定する。但し，個別契約の目的を達することができないとき，又は，個別契約の履行が不可能になったときは，甲は，当該個別契約を解除することができる。

第8条（受入審査）

1．甲は，前条に基づき納入された目的物について，受領後速やかに受入検査を行うこととし，当該検査の合格をもって引渡しとする。

2．甲は，前項の検査を甲の指定する者に代行させ，又は甲の顧客の検査をもって甲の受入検査に替えることができる。

3．第1項の定めにかかわらず，甲は，受入検査を省略して目的物を受領することができる。本項の規定は，契約不適合責任，債務不履行責任，製造物責任その他の乙の責任を免除するものとする。

第9条（検査不合格）

1．前条の受入検査の結果，目的物が不合格となった場合は，乙は，甲の指示に従い，直ちに当該目的物を修補又は代品を納入して再度受入検査を受けなければならない。

2．甲は，不合格となった目的物の種類または品質に関して本契約及び個別契約の内容に適合しないものであること（製造の不完全，使用材料の不良，仕様書の相違等を含むがこれに限られず，以下「契約不適合」という。）が軽微な場合，乙と協議のうえ，当該目的物の代金を値引きすることを条件として，これを受領することができる。この場合，値引き合意の成立をもって検収合格とする。但し，目的物サンプル品である場合はこの限りではない。

第10条（検査不合格品等の引取り）

1．受入検査不合格品，過納品及び契約を解除された目的物については，乙は，甲から通知を受けたのち，甲の指定する期間内にこれを引き取るものとする。

第11条（危険負担）

甲への引渡し完了までの間に，目的物の全部又は一部が滅失，毀損又は変質等した場合，これによる損害の負担は次の各号による。

(1) 甲の責に帰すべき事由による場合は，甲の負担とする。

(2) 乙の責に帰すべき事由による場合は，乙の負担とする。

(3) 甲乙双方の責に帰すべき事由による場合，又はいずれの責にも帰すことができない事由による場合は，甲乙協議のうえ定める。

第12条（所有権の移転）

目的物の所有権は，甲への引渡しの完了をもって，乙から甲に移転する。

第13条（品質管理）

1．乙は，目的物の品質が個別契約に定める仕様に適合することを保証する。但し，目的物がサンプル品である場合はこの限りではない。

2．乙は，自己の都合により，目的物の設計，金型，製造方法，使用木材（製造元，または購入先を含む。）等を変更する場合，事前にその旨を甲に書面をもって通知し，甲の承認を得るものとする。但し，目的物がサンプル品である場合はこの限りではない。

第14条（契約不適合責任）

1．甲への所有権移転後1年以内に，目的物に契約不適合が発見された場合，乙は，甲の指示に従い，無償で代替品を甲に納入し，無償で当該目的物を修理し，若しくは甲による当該目的物の修理に要する費用を負担し，又は当該契約不適合により甲が被った損害を甲に賠償するものとする。但し，目的物がサンプル品である場合，及び，目的物が甲又は第三者によって意図的に加工，あるいは破壊されている場合はこの限りではない。

2．前項の期間経過においても，甲への所有権移転後10年間は，目的物に乙の責めに帰すべき事由による契約不適合及び傾向的な契約不適合（甲に納入された目的物について同一の事象の不具合が多発した状態をいう。）が発見された場合，乙は，甲の指示に従い，無償で代替品を甲に納入し，無償で当該目的物を修理し，若しくは甲による当該目的物の修理に要する費用を負担し，又は当該契約不適合により甲が被った損害を甲に賠償するものとする。但し，目的物がサンプル品である場合，及び目的物が甲又は第三者によって意図的に加工，破

壊されている場合はこの限りではない。

第15条 （製造物責任）

1. 乙は，甲に納入された目的物の欠陥（製造物責任法第2条第2項に定める欠陥をいい，以下同じ。）により，甲，甲の役員及び従業員（派遣社員を含む。）又は第三者の生命，身体又は財産に損害が発生することが予測されるときは，直ちに甲に書面で通知し，乙の費用と負担において適切な予防措置を取るものとする。

2. 乙は，甲への所有権移転後10年間は，甲に納入された目的物の欠落により，目的物又は目的物を用いた製品に起因して，甲，甲の役員及び従業員（派遣社員を含む。）又は第三者の生命，身体，財産に損害が発生した場合，乙の責任と負担において速やかにこれを処理・解決するものとする。但し，目的物がサンプル品である場合はこの限りではない。

3. 乙は理由の如何を問わず，甲に納入された目的物の欠陥により，甲に損害又は何らかの支払が発生した場合において，甲がこれを現実に支出したときは，甲の求償に応じるものとする。

4. 前二項の規定は，次の各号に定める場合には適用されない。

　① その損害が，乙が甲に納入した目的物についてのみ生じた場合

　② 乙が甲に対して当該目的物を引き渡した時における科学又は技術に関する知見によっては，当該目的物にその欠陥があることを認識することができなかった場合

　③ 当該目的物が他の製造物の部品又は原材料として使用された場合において，その欠陥が専ら当該他の製造物の製造業者が行った設計に関する指示に従ったことにより生じ，かつ，その欠陥が生じたことにつき過失がない場合

第16条 （代金支払）

1. 目的物の代金の支払条件及び方法については，甲乙別途協議のうえ定めるものとする。

2. 甲が乙から支払を受けるべき金銭債権を有するときは，当該債権の弁済期が到来するか否かにかかわらず，甲は，代金支払債務の対等額をもって相殺することができる。

3. 前項の相殺にあたっては，その都度相殺額について相互の領収書の交換を原

則とするが，甲が乙に対してその明細を通知することによりこれに代えること
ができる。

第17条（知的財産権）

1．乙は，目的物又はその製造，使用，販売等について，第三者との間で特許権
   等の産業財産権，著作権及び回路配置利用券その他一切の権利（以下「知的財
   産権」という。）に抵触しないよう留意するとともに，万一，知的財産権に関
   する紛争が生じたとき，又は発生するおそれがあると判断したときは，直ちに
   その旨を書面により甲に通知するものとする。

2．前項の紛争が発生した場合には，乙は，自己の責任と費用負担において当該
   紛争を解決し，当該紛争解決に伴う訴訟・弁護士費用（合理的な報酬を含む。），
   損害賠償金，実施料，和解金，懲罰的賠償金等並びに甲に発生した逸失利益そ
   の他の，目的物又はその製造，使用，販売等と相当因果関係を有する損害を賠
   償するものとする。但し，当該紛争が専ら甲の指示する仕様に起因する場合は，
   この限りではない。

3．第1項の紛争の解決に際して，当該第三者が当該紛争を解決すべき相手方と
   して甲又は甲の顧客を選択した場合，乙は，甲からの要請があったときは，当
   該紛争解決につき，甲または甲の顧客に協力するものとする。なお，当該紛争
   解決に要した費用（弁護士費用を含む。）は，前項に基づき乙が負担するもの
   とする。

4．個別契約履行の過程において①甲及び乙が共同でなした発明，考案，意匠の
   創作，著作，回路配置利用等（以下「発明等」という。），②甲から乙に開示，
   提供または貸与等された図面，仕様書その他の情報（以下「甲の情報」とい
   う。）に基づき乙が単独でなした発明等，③甲の情報に基づき製作された目的
   物若しくはその制作に関連して乙が単独でなした発明等並びに前記各発明等に
   かかる日本国その他の国，地域における産業財産権，著作権（日本国著作権法
   第27条所定の翻訳権，翻案権等及び同法第28条所定の二次的著作物の利用に関
   する原著作者の権利を含むがこれに限定されない移転可能な一切の権利をい
   う。），回線配置利用に関する原著作権その他の知的財産権（知的財産権を得る
   権利を含む。以下同じ。）は，別段の定めがない限り，①について甲と乙の共
   有，②及び③について乙の単独所有とする。乙は，前記各発明等をなした場合

には，直ちにその事実および内容を書面で甲に通知するものとする。

5．乙は，甲又は甲の顧客等による目的物（甲の製品，システム等に使用，利用，
搭載，組込み，結合等された場合の必須の組合せ，結合部分を含む。）の使用，
利用，販売等に関し，自己が有する知的財産権その他の権利に基づく権利の主
張を一切行わない。但し，目的物がサンプル品である場合はこの限りではない。

第18条（生産中止，保守用部品の供給等）

1．乙は，目的物の生産を終了する場合，甲に対し，当該生産終了の○カ月前ま
でに終了の予告を行い，かつ，当該生産終了の○カ月前までに文書による通知
を行うものとする。但し，目的物がサンプル品である場合はこの限りではない。

2．乙は，目的物及び目的物に係る保守用部品の供給につき，当該目的物の取引
終了後においても協力する。但し，供給期間等個別の取扱いについては，甲乙
協議のうえ決定する。

3．乙は，目的物並びに保守用部品の生産設備，治工具等の改造等を行う場合で
あって，甲に対する供給に影響が生じる場合には，事前に通知するとともに，
その対応につき甲と協議する。

第19条（申告義務）

乙は，本契約締結後，商号変更，資本の減少，合併，会社分割，営業の全部又
は一部の譲渡，組織変更，事務所又は工場等の移転その他乙の事業につき重要な
変更が生じた場合は，甲に対し，速やかに通知するものとする。

第20条（譲渡禁止）

甲及び乙は，相手方の事前の書面による承諾を得ることなく，本契約及び個別
契約より生じる権利，義務の全部又は一部を第三者に譲渡し，承継させ又は担保
に供してはならないものとする。

第21条（機密保持）

1．甲及び乙は，本契約又は個別契約の履行にあたり知り得た相手方又は相手方
の取引先の技術上，営業上その他の情報であって，相手方から秘密である旨明
示されたものを，本契約及び当該個別契約履行の目的にのみ使用するものとし，
相手方の事前の書面による同意がない限り，本契約及び当該個別契約の有効期
間中のみならずその終了後も，第三者に開示し，又は漏えいしてはならない。

但し，次の各号の一に該当するものはこの限りではない。

⑴　相手方からの開示を受けた時点にて，すでに公知または公用であったもの

⑵　相手方からの開示を受けた時点にて，すでに自ら保有していたもの

⑶　相手方から開示を受けた後に，自己の責によらず公知または公用となったもの

⑷　正当な権限を有する第三者から秘密保持の義務を負うことなく適法に入手したもの

⑸　相手方の秘密情報によらず，独自に開発したもの

２．前項の規定にかかわらず，甲は本契約及び個別契約の履行に必要な限度において，乙の秘密情報を甲の関係会社（自己の議決権付株式の過半数を直接または間接に保有するか，自己がその議決権付株式の過半数を直接または間接に保有する会社をいう。）に開示することができる。この場合，甲は，本条に基づく秘密保持義務と同等の義務を当該関係会社に課すものとする。

第22条（個人情報保護）

１．乙は，個別契約の履行に関連して知り得た甲又は甲の取引先が保有する個人に関する情報であって，当該個人の識別が可能な情報（他の情報と容易に照合することができ，それにより当該個人を識別することができることとなる情報を含む。また，秘密の情報であるかどうか問わない。（以下，「個人情報」という。））を善良な管理者の注意をもって管理し，甲の事前の書面による承諾を得ることなく，当該個別契約の履行以外の目的のために利用し，又は第三者に利用させ若しくは開示，漏洩してはならない。

２．乙は，甲の事前の書面による承諾を得ることなく，個人情報を複製してはならない。

３．乙は，乙が作成した個人情報の複製物を廃棄するときは，書類について裁断又は消却の方法により，電磁的記録については，データの消去又は媒体の破壊の方法により，これを行う。

４．前条の秘密情報に該当する個人情報については，前条の規定に加え，本条の規定を併せて適用する。

５．前各項については，甲も乙も同様の責務を負うものとする。

第23条（環境保護）

1．甲及び乙は，その企業活動において，地球環境に与える負荷を軽減すること等を目的とする環境保全活動を推進するものとする。

2．乙は，甲に対し，目的物が別途甲の定める書面等で通知した化学物質の中の禁止物質（以下「禁止物質」という。）に該当しないことと，禁止物質を含有しないこと，及び目的物の製造過程において禁止物質を使用しないことを保証するものとする。但し，目的物がサンプル品である場合はこの限りではない。

3．乙は，納入した目的物が禁止物質に当該し，若しくは禁止物質を含有し，又は目的物の製造過程において禁止物質が使用されていることを知った場合，乙は甲に対しその損害を賠償するものとする。この場合，乙は，賠償すべき損害の範囲および賠償額について，甲乙協議のうえ，これを決定するものとする。

第24条（輸出管理）

1．甲及び乙は，本契約並びに個別契約の履行に際し，外国為替及び外国貿易法及びこれに係る政省令等（以下「外為法等」という。）を遵守するものとする。

2．甲が前項の目的物の該非判定について確認を求めた場合，別途定める書面の提出に速やかに応じるものとする。

第25条（公正な取引）

1．乙は，自らが反社会的勢力（「暴力団員による不当な行為の防止等に関する法律」に定義する暴力団およびその関係団体等をいう。以下同じ。）でないこと，反社会勢力ではなかったこと，反社会勢力を利用しないこと，反社会勢力を名乗る等して甲の名誉・信用を毀損若しくは業務の妨害を行い又は不当要求行為をなさないこと，乙の主要な出資者又は役職員が反社会的勢力の構成員ではないことを表明し，保証する。

2．甲は，乙が前項に違反した場合，契約の全部又は一部を解除することができる。

3．前各項については，甲も乙と同様の責務を負う。

第26条（契約解除）

1．甲又は乙は，次の各号の一に該当したとき，相手方からの催告その他何等の手続を要することなく，本契約及び個別契約に基づく一切の債務の履行につき，期限の利益を失い，直ちに残債務を一括して相手方に支払うものとする。

(1) 本契約若しくは個別契約に違反し，又はこれらに関連して不正な取引を故意に行い，相手方より書面でその是正を催告されたにもかかわらず，相当な期間内にこれを是正しないとき

(2) 手形若しくは小切手を不渡りとし，又は支払不能となったとき，若しくは一般の支払を停止したとき

(3) 監督官庁より営業の取消，停止等の処分を受けたとき

(4) 第三者より仮差押，仮処分，差押，強制執行若しくは競売の申立て又は公租公課滞納処分を受けたとき

(5) 破産，民事再生若しくは会社更生手続の申立てを受け，又は自らこれらを申し立てたとき

(6) 解散，合併，会社分割，減資，事業の全部又は重要な一部の譲渡等の決議をしたとき

(7) 前各号の一が発生するおそれがあると相手方が認めたとき

2．甲又は乙が前項各号の一に該当したとき，相手方は催告その他何等の手続を要することなく，直ちに本契約及び個別契約の全部又は一部を解除することができるものとする。

3．甲又は乙は，災害その他止むを得ない事由により本契約又は個別契約の履行が困難となった場合，相手方と協議のうえ，本契約又は個別契約の全部又は一部を解除し，若しくは変更することができるものとする。

第27条（損害賠償）

甲又は乙は，第25条第2項及び前条第2項に基づき，本契約若しくは個別契約を解除し，又は相手方が本契約若しくは個別契約に違反した場合，これにより被った損害の賠償を相手方に請求できるものとする。

第28条（契約終了時又は解除時の措置）

1．本契約又は個別契約が終了し，若しくは解除されたとき，又は甲が請求したときは，乙は，第21条に定める秘密情報及び第22条に定める個人情報（複製されたものを含む。）を直ちに甲に返還するものとする。

2．甲又は乙は，本契約又は個別契約の終了後，若しくは解除後においても第21条（秘密保持義務），第22条（個人情報の保護）の規定については，なお○年間有効とし，第14条（契約不適合責任），第15条（製造物責任），第17条（知的

財産権），前条（損害賠償），本条（契約終了時又は解除時の措置），第30条（協議）及び第31条（合意管轄）の規定については，本契約又は個別契約の終了後，若しくは解除後においても，なお有効とし，甲及び乙は当該条項に基づく義務を引き続き履行するものとする。

第29条（有効期間）

1．本契約の有効期間は，本契約締結日から１年間とする。但し，期間満了の○カ月前までに甲及び乙いずれからもこの基本契約の内容の変更又はこの基本契約を継続しない旨の申し出がないときは，同一条件にて更に１年間延長するものとし，以後もこの例による。

2．本契約が解除又は期間の満了により効力を失った場合においても，現に存続する個別契約については，本契約が当該個別契約の存続期間中適用されるものとする。

第30条（協議）

本契約又は個別契約に関して生じた疑義又はこれらに規定のない事項については，甲乙協議のうえ解決する。

第31条（合意管轄）

本契約又は個別契約に関して生じた甲乙間の紛争については，○○地方裁判所を第一審の専属的合意管轄裁判所とする。

本契約の成立を証するため本書２通を作成し，各自記名押印のうえ，各１通を保有する。

令和○年○○月○○日

甲　東京都千代田区○○１－１－１
　　　　○　○　○　○　印
乙　東京都千代田区○○３－３－３
　　　　○　○　○　○　印

9 販売特約店契約書

本契約は，販売店に一定の地域内における対象製品の販売権を許諾するライセンス契約の性格をもつ。その点，206頁以下に収めた「販売契約書」と共通するが，本契約の場合，タイトルが販売特約店との契約となっているように，流通ネットワークのなかで，いわば特別なミッションを託す。

「目的条項」である第1条2項の「本件商品のサプライチェーンの整備」がミッションの内容を示している。具体的には，販売体制，物流，情報システムに関する第6条から第8条でもって，サプライチェーン・マネジメント（SCM）への「協働」をめざしているのがわかる。

それならば，製品メーカーを中心としたSCMの下での契約であることを，目的条項を含め，より明確に打ち出してもよいであろう。

販売特約店契約書

A株式会社（以下「甲」という。）とB株式会社（以下「乙」という。）は，甲が乙の特約店として，乙の半導体製品及びこれに関連する製品（以下「本件商品」という。）の販売を行うことに関し，以下のとおり契約を締結する。

第1条（目的）
1 乙は商品を甲に売り渡し，甲はこれを買い受け，乙の特約店として第三者に販売する。
2 甲乙は，本契約に従った販売を通じ，本件商品のサプライチェーンの整備に協働するものとする。

第2条（販売地域）

1　甲による販売地域は，日本国内とする。

2　甲が本件商品を直接又は間接に海外に販売する必要が生じた場合には，乙と事前に協議しなければならない。

3　甲及び乙は，自己と相手方の子会社との間又はそれぞれの子会社の間で商品の売買を行う場合，自己の子会社をして本契約に定める条件と実質的に同等の契約条件（但し，第17条第1項に定める代金の支払条件を除く。）に基づき商品の売買を行わせるものとする。なお，本契約において「子会社」とは，会社法第2条第3号に該当する法人をいう。

第3条（競合品の取扱い）

甲は，本件商品と競合する同一又は類似の第三者の商品を販売する必要が生じた場合は，事前に書面によって報告するものとする。

第4条（販売協力）

甲は，本件商品の販売を行うにあたり乙と密接に協力し，本件商品の売上の伸張及び販路の拡大に努めるものとする。

第5条（販売先へのアフターサービス）

甲は，甲の顧客に対し，販売した本件商品に係る問い合わせへの対応等のアフターサービス（以下「アフターサービス等」という。）を誠実に実施し，本件商品の顧客満足度の向上のため積極的に取り組むものとする。

第6条（販売体制の維持）

1　甲は，本件商品の販売及びアフターサービス等を実施するために必要な販売体制，システムサポート体制及びその体制を維持するために必要な要員を確保し，維持するものとする。

2　甲は，甲が前項に定める体制を有していないと乙が判断する場合，乙と体制の強化その他の措置につき協議するものとする。

第7条（物流）

1　甲は，本件商品を販売するにあたり，商品の保管・運送体制を保持し，かつ効率的な運営を図るものとする。

2　甲は，乙と協力して物流の合理化を推進するものとする。

第8条（情報システム）

1 甲は，本件商品を販売するにあたり，業務が滞りなくかつ効率的に遂行できるようにコンピュータネットワークを整備し，運用体制を保持するものとする。
2 甲及び乙は，社外または社内から不正アクセスが無いよう，自社のセキュリティ確保に努めるものとする。

第9条（販売目標値）

1 甲は，乙から提示された販売方針を参考にして，乙の定める様式により，本件商品のうち乙が別途指定する商品につき半期毎の販売目標値を乙に通知する。
2 甲は，前項の販売目標値案につき乙と協議のうえ，当該半期の販売目標値を設定する。
3 甲及び乙は，前項の販売目標値達成のため相互に協力する。

第10条（販売報奨金）

乙は，必要に応じて本件商品の商品毎に別に基準を定め，甲の販売努力に対して販売報奨金を支払うことがある。

第11条（販売支援）

乙は，次の各号により甲による本件商品の販売活動を支援する。
⑴ 本件商品の販売に関する資料の提供及び各種販売教育の実施
⑵ 甲乙間の協調促進のための各種会合の開催
⑶ その他乙が必要又は適当と認める援助及び指導

第12条（教育）

甲は，第4条及び第5条に定める本件商品の販売及びアフターサービス等を誠実に遂行するために，甲の要員を教育するものとし，乙は必要に応じ，その支援又は助言を行う。

第13条（特約店の表示及び商標の使用）

甲は，本契約の有効期間中，本件商品の販売にあたり，別途乙が指定する基準に従って，甲の費用負担において，乙の特約店であることを表示すること，並びに「○○○」商標を使用することができる。

第14条（個別契約）

1 乙が甲に売り渡す本件商品の品名，仕様，価格，数量，納期，納入条件その他個別の売買に必要な条件は，本契約に定めるものを除き，甲乙間で別に締結する個別の売買契約（以下「個別契約」という。）について定める。

2 乙は甲に対する本件商品の価格リスト及び見積り等の提示によって個別契約を締結する義務を負うものではない。

第15条 （納入および所有権）

1 乙は，個別契約に定める納期及び納入場所に従って本件商品を甲に納入する。

2 甲は，乙による本件商品の納入後，速やかに本件商品の受領確認を行い，物品受領データ又は検収データを乙に送付するものとする。本件商品の所有権は，甲が物品受領データ又は検収データを送付し，乙が当該データを受領した時点で，乙から甲に移動する。

3 甲乙間での情報システムによる物品受領データ又は検収データの授受が出来ない場合には，乙の収入予定日を甲の物品受領日とみなし，本件商品の当該物品受領日で乙から甲に移転する。

4 前二項にかかわらず，納入した本件商品の検査条件及び検査期間を別途乙が定める場合は，甲は，その条件に基づき検査を実施し，本件商品が当該検査に合格したときは，検査期間内に検収書を発行し，乙に送付する。本項に基づき検査を実施した本件商品の所有権は，乙がそれに係る検収書を受領した時点で乙から甲に移転する。

5 前項に基づき検査を実施する本件商品が当該検査に合格しなかったときは，甲は直ちに不合格の理由を付してその旨を書面により乙に通知する。

6 第4項に基づき検査を実施する本件商品について，検査期間内に甲が領収書を発行せず，前項に定める通知をしなかったときは，当該本件商品の当該検査期間の満了日に検査に合格したものとみなす。この場合において，当該本件商品の所有権は，当該検査期間の満了日に乙から甲に移転する。

第16条 （危険負担）

乙から甲への納入後に生じた本件商品の滅失，毀損，減耗，その他一切の損害は甲の負担とする。

第17条（代金の支払）

1 乙は毎月月初に，前月1日より末日迄に甲が受領した本件商品の代金（送料，荷造費，その他立替費があるときはこれを含む。以下同じ。）及びこれに係る消費税・地方消費税相当額を甲に請求し，甲はこれを当月最終営業日の1営業日前までに現金により請求書発行当事者である乙に支払う。なお，ここでいう「営業日」とは銀行営業日をいうものとする。

2 甲が第35条第1項各号のいずれか一つに該当したときは，甲は，乙から何らの催告，通知等がなくとも当然に期限の利益を失い，直ちに残存債務の全額を現金により弁済しなければならない。

第18条（遅延損害金）

甲が代金債務の弁済を怠ったときは，甲は，支払期日の翌日から完済の日まで，年14.6％（日割0.04％）の遅延損害金を乙に支払わなければならない。

第19条（契約不適合）

1 乙は，個別契約に基づき甲に納入する本件商品が，個別契約に定める又は甲及び乙が別途合意する本件商品の仕様（以下「製品仕様」という。）に合致していること並びに本件商品が通常有すべき品質・性能を満たしていることを保証する。当該保証は，乙が行う唯一の保証であり，乙は，本件商品に関してその他いかなる保証も行わない。

2 前項に定める保証の違反（以下「瑕疵」という。）が客観的に判明した場合，甲は，瑕疵ある本件商品について，補修，代品の納入，代金の返金又は瑕疵に起因して甲が被った損害の賠償を自己の選択に従い乙に請求することができる。但し，次の各号の一に該当するときは，甲は，乙に対し，本件商品の補修，代品の納入，代金の返金又は損害の賠償を含むいかなる請求もできないものとする。

⑴ 数量不足又は外観上の損傷等直ちに発見しうる瑕疵について，甲が本件商品の納入後○○分以内に乙に通知を行わなかったとき

⑵ 第15条第4項に基づき甲が検査を行う本件商品について，甲が所定の検査条件に基づく検査を行わなかったために瑕疵を発見できなかったとき

⑶ 瑕疵が，甲，甲の顧客又は第三者の指示，仕様又は設計によるものであったとき

(4) 瑕疵が，甲，甲の顧客又は第三者による本件商品の不適切な取扱い又は使用方法によるものであったとき

(5) 瑕疵が，その他甲，甲の顧客又は第三者の責めに帰すべきものであったとき

3　前項の規定に基づく甲の乙に対する請求は，個別契約に定める当該本件商品の納入後１年以内に瑕疵を乙に通知した場合に限られるものとする。但し，当該通知期間の経過後であっても，瑕疵が乙の責に帰すべき重大な瑕疵であった場合，個別契約に定める当該本件商品の納入場所への納入後３年以内に限り，甲及び乙はその解決に向けて協議する。

第20条（責任の制限）

1　甲及び乙は，いかなる場合も，相手方の逸失利益，特別な事情から生じた損害（その予見可能性の有無を問わない。）又は間接損害について何らの責任を負わないものとする。

2　甲が本件商品について第三者に対して損害賠償を行う場合であって，かつ，乙が当該甲から第三者に対する損害賠償に関して甲に損害賠償を行う場合，乙による賠償額は甲及び乙の損害の負担割合をそれぞれ甲から第三者への損害賠償の50%とすることを基礎として，甲乙誠意をもって協議のうえ決定する。但し，乙による解析の結果，瑕疵の原因が乙の設計上または製造上の欠陥のみにあることが客観的に判明した場合はこの限りでない。

3　前項に規定する場合を含むいかなる場合においても，本契約に基づき乙及び乙の子会社が甲及び甲の子会社に対して負担する同種類の本件商品に関して発生した損害の賠償額の総額は，乙による請求があった日の前会計年度における乙及び乙の子会社の甲および甲の子会社に対する本件商品の全売上金額の合計額の10%を越えないものとする。

第21条（関係法令の遵守とコンプライアンス）

1　甲及び乙は，本件商品の販売その他本契約の履行にあたり，独占禁止法その他の関係法令を遵守するものとする。

2　甲は，本件商品の輸出又はそれに係る技術の提供が，外国為替及び外国貿易法（以下「外為法」という。）に基づく許可又は承認を要する貨物の輸出又は技術の提供に該当するときは，甲の責任において同法その他の関係法令に従っ

て必要な許可又は承認を取得するものとする。

3　前項に従って輸出する本件商品又はそれに係る役務が外国政府の規制に服する場合，甲は，関係外国政府の規制を遵守するものとする。

4　甲は，本件商品の輸出又はそれに係る技術の提供に際し，外為法又は外国政府の規制に違反した場合，又は官公庁から不具合の指摘をされた場合には，速やかに乙に報告するものとする。

5　甲及び乙は，相手方に対し，法令に反する行為は作為，不作為を問わず一切要求しないものとする。

第22条（販売拠点の新設）

1　甲は，本件商品を販売するために販売拠点を新設するときは，その旨を乙に事前に通知する。

2　甲は，前項の販売拠点についても，第6条に定める体制を維持するものとする。

第23条（保証金）

1　甲は，甲が乙に対して負担する債務を担保するため，乙の要請に基づき，乙の指定する額の保証金を乙に対して差し入れる。

2　甲は，乙の事前の書面による承諾を得た場合に限り，前項の保証金に代えて乙の承諾した内容の担保を提供することができる。

第24条（追加担保）

甲は，甲乙間の取引高が急激に増加した場合，その他取引高に比べて前条の保証金又は担保が担保として不十分であると乙が判断した場合，前条の保証金又は担保の追加担保として，乙の要求する内容の担保を提供する。

第25条（譲渡禁止）

甲は，乙の書面による事前の書面による承諾を得ない限り，本契約に基づく一切の権利義務又は本契約上の地位の全部又は一部を第三者に譲渡，移転，継承又は担保に供してはならない。

第26条（不可抗力）

甲又は乙が天災地変その他の不可抗力のため，本契約に定められた義務を履行

することができない場合は，相手方に対し，債務不履行の責任を負わないものとし，その対応については，甲乙協議のうえ最善の措置を講じるものとする。

第27条（事情変更）

　乙は，個別契約に定める納期内において，経済事象の変動その他の理由により契約内容が著しく不適当と認められるに至ったときは，その実情に応じ，甲と協議のうえ契約金額その他の契約内容を変更することができる。

第28条（報告）

1　甲は，毎決済期終了後３カ月以内に，乙の定める様式による特約店支援基本台帳及び損益計算書，貸借対象表，事業報告書等の決裁書類一式を乙に提出する。

2　甲は，乙から要求があったときは，その販売状況，在庫状況，財務状況及びその他の情報につき乙に報告する。

第29条（通知）

　次の各号に定める事項が決定され，又は発生した場合は，甲は，速やかに乙に対して通知する。

(1)　甲の住所，商号，代表者又は使用印鑑の変更，甲の株主又は役員構成の重大な変更

(2)　合併，株式交換，株式移転，減資，解散，会社分割又は事業の全部若しくは一部の譲渡

(3)　甲の組織，資本構成，資産若しくは事業の状況に重大な変動をきたし，又はきたすおそれのある事項

(4)　第三者からなされた，又はなすおそれのある本件商品に関する重大なクレーム

第30条（機密保持）

1　甲及び乙は，本契約に関連して知り得た相手方の業務上の秘密情報（電子データで開示されたものを含む。）（以下「秘密情報」という。）を，本契約期間中のみならずその終了後も，第三者に開示又は漏洩しないものとする。

2　甲及び乙は，本条に定める秘密保持義務を遵守するため，善良なる管理者の注意をもって秘密情報を管理するものとする。

3 甲及び乙は，秘密情報を当該秘密情報を知る必要のある自己の役員及び及び従業員のみに開示するものとし，当該役員および従業員に対して本契約に基づき課された秘密保持義務と同等の義務を課すものとする。

4 甲及び乙は，相手方の事前の書面による承諾を得ることなく，秘密情報を本契約以外の目的に一切使用してはならないものとする。

第31条（知的財産権等）

1 本件商品に関わる乙又は第三者の知的財産権は，個別契約に別段の定めがない限り，甲及び甲の顧客には移転しない。

2 本件商品のうちプログラム・プロダクツについては，別途定めるライセンス条件を甲の顧客が同意することを条件として乙から甲に提供する。甲は，甲の顧客が当該ライセンス条件に同意しない場合には，プログラム・プロダクツを甲の顧客に提供しないものとする。

第32条（信用）

甲及び乙は，相互に相手方の信用を毀損し，又は毀損するおそれのある行為を一切行わないものとする。

第33条（契約解除）

1 甲又は乙に次の各号のいずれか一つに該当すると認められる事由が生じる場合には，甲又は乙は，本契約の解除について，相手方に対して協議を申し入れることができるものとする。

(1) 役員の変更等による経営方針の変更又は合併，株式交換，株式移転，会社分割，事業譲渡，株式取得その他甲の組織若しくは資本構成に重大な変更をもたらす取引の決定等により，将来における甲乙間の協力関係の維持が困難になると認められるとき

(2) 本件商品の販売に係る基本方針が甲乙間において著しく異なるとき

2 甲又は乙は，前項の協議の申し入れを受けた場合には，誠意をもって相手方との協議に応じるものとする

3 前項に基づく協議にもかかわらず，相当期間内に協議が整わない場合には，甲又は乙は，本契約を解除することができる。

第34条（乙による契約解除）

1　甲が次の各号のいずれか一つに該当するときは，乙は，催告及び自己の債務の履行を提供しないで，直ちに本契約及び個別契約の全部又は一部を解除することができる。

(1)　本契約又は個別契約に基づく売買代金支払債務の履行を怠ったとき

(2)　本契約又は個別契約の条項の一に違反したとき

(3)　甲の責に帰すべき事由により，乙の顧客からのクレームが頻発し，本件商品及び乙の企業イメージに対する著しい不利益を招来する恐れがあるとき

(4)　差押，仮差押，仮処分，公売処分，租税滞納処分，その他公権力の処分を受け，又は破産，会社更生手続若しくは民事再生手続の開始の申立てをしたとき

(5)　監督官庁より営業廃止又は営業免許若しくは営業登録の取消しの処分を受けたとき

(6)　資本の減少，営業の停止若しくは変更又は解散の決議をしたとき

(7)　自ら振り出し若しくは引き受けた手形又は小切手につき不渡処分をうける等支払停止状態に至ったとき

(8)　財務状態が悪化し，又はそのおそれがあると認められる相当の事由があるとき

(9)　乙の信用又は甲乙間の信頼関係を害したと乙が認めたとき

2　前項による解除は，乙の甲に対する損害賠償請求を妨げるものではない。

第35条（反社会的勢力の排除）

1　甲及び乙は，次の各号に定める事項を表明し，保証する。

(1)　自己及び自己の役員が，暴力団，暴力団員，暴力団関係企業・団体または暴力団関係者，総会屋，その他の反社会的勢力（以下総称して「反社会的勢力」という。）でないこと，また反社会的勢力でなかったこと

(2)　自己及び自己の役員が，反社会的勢力を利用しないこと

(3)　自己及び自己の役員が，反社会的勢力に対して資金等を提供し，又は便宜を提供するなど反社会的勢力の維持運営に協力し，又は関与しないこと

(4)　自己及び自己の役員が反社会的勢力と関係を有しないこと

(5)　自己が自ら又は第三者を利用して，相手方に対し暴力的行為，詐術，脅迫的言辞を用いず，相手方の名誉や信用を毀損せず，また，相手方の業務を妨

害しないこと

2　甲及び乙は，前項に違反し，又はそのおそれがあることが判明した場合には相手方に直ちに通知するものとする。

3　甲及び乙は，相手方が前二項に違反した場合は，何らかの催告をすることなく直ちに本契約及び個別契約の全部又は一部を解除することができる。

4　前項による解除により違反当事者に損害が生じても，解除権を行使した者はこれを一切賠償しないものとする。

第36条　（解除後の処置）

1　前三条により本契約が解除された場合であって，甲の在庫品中に乙から出荷された本件商品が現存するときは，これに対する代金の支払の有無にかかわらず，乙は，当該契約商品にかかる個別契約を解除できるものとする。当該個別契約の解除があったときは，当該本件商品の所有権は直ちに甲から乙に移り，甲は，直ちに，当該本件商品を乙に返還する。

2　個別契約の解除により，乙が甲に対して代金返還債務を負う場合，乙は，かかる代金の返還債務と，甲に対する残存債権額とを対当額において相殺することができるものとする。

3　前項の相殺後なお，乙の甲に対する残存債権が存在する場合には，乙は，当該残存債権額と第23条及び第24条に基づき甲から預託を受けた保証金若しくは担保を処分し返還債務と対等額において相殺することができるものとする。

4　前三条により本契約が解除された場合，乙は，解除前に代金決済のあったものについても第10条に定める販売報奨金を支払わないものとする。但し，前条における乙の表明保証違反の場合はこの限りではない。

第37条　（合意管轄）

本契約，個別契約及びこれらに関連する取引に係る権利義務に関する訴訟は，○○地方裁判所をもって第一審の専属的合意管轄裁判所とする。

第38条　（有効期間）

本契約の有効期間は令和○年○○月○○日から令和○年○○月○○日までとする。

ただし，期間満了３カ月前までに甲又は乙より別段の申し出がない場合は，自

動的に同一条件にて更に１年間延長するものとし，以後期間満了毎にこの例による。

第39条　（協議）

　本契約及び個別契約に定めのない事項及び本契約及び個別契約の条項中疑義のある事項並びに本契約及び個別契約の変更については，甲乙別途協議のうえこれを決定する。

　本契約の成立を証するため本書２通を作成し，各自記名押印のうえ，各１通を保有する。

　令和○年○○月○○日

甲　東京都千代田区○○１－１－１

○　○　○　○　印

乙　東京都千代田区○○３－３－３

○　○　○　○　印

10 エリア・フランチャイズ契約書

　フランチャイズ契約は，一般的にフランチャイザーがフランチャイジーに対し，特定の商標，商号等を使用する権限を与えると同時に，フランチャイジーの物販，サービス提供その他の事業経営についてのノウハウを提供し，この対価をフランチャイジーがフランチャイザーに支払う契約をいう。エリア・フランチャイズ契約は，フランチャイザーが，特定の地域（エリア）で開発力を有すると見込まれるエリア・フランチャイザーに対し，そのエリア内でフランチャイジー（エリア内加盟店）を募集する権利を与えることを内容とする契約をさす。

　エリア・フランチャイザーは，マスターフランチャイザーと本契約を取り交わし，これに代わりエリア内加盟店を募集することで，そのエリアでのフランチャイズ・チェーンビジネスの開発を担う。

　通常のフランチャイズ契約は，商標や商号などの使用許諾を内容に含むライセンス契約の性格をもつ。これに対し，エリア・フランチャイズ契約は，通常のフランチャイズ契約におけるフランチャイザーの機能を一部肩代わりする業務委託契約の性格を有する。

　本契約は，対象地域におけるエリア・フランチャイザーの知名度や開発力に期待して締結されることが多い。完成品メーカーが，サプライチェーン・マネジメントを，たとえば全国的に展開するなかで，地域ごとの有力者の力を借り，これと業務提携するなかで，本契約を活用するケースは多いだろう。

エリア・フランチャイズ契約書

A株式会社（以下「甲」という。）とB株式会社（以下「乙」という。）とは，

コンビニエンスストアのフランチャイズに関し，以下のとおり契約を締結する。

第1条（エリア・フランチャイズ権の付与）

1　甲は，乙に対し，本契約の有効期間中，乙が本契約の各条項を遵守すること
　　を条件として，別紙〔省略〕に定める地域（以下「本契約地域」という。）に
　　おける地域本部として，甲所有の商標権，特許権その他の知的財産権および経
　　営ノウハウを用いて，本フランチャイズ加盟店を開拓し，自ら経営指導等を行
　　うことにより，同加盟店に本フランチャイズ・チェーンに属する店舗を経営さ
　　せる事業（以下「本AFC事業」という。）を展開・運営することを許諾する。

2　乙が本AFC事業を行うことにより自ら開店又はエリア内加盟店をして開店
　　させることができる店舗数は，○○（出店可能店舗数）を上限とする。

3　乙は，甲乙間で別途締結されるフランチャイズ契約に基づき，自ら本フラン
　　チャイズ・チェーンに属する店舗（以下乙が経営する本フランチャイズ・
　　チェーンに属する店舗を「本AFC直営店」という。）を経営する。

第2条（商標）

1　甲は，乙に対し，別紙〔省略〕記載の商標，商号又はサービスマーク等（以
　　下「商標」という。）を使用することを許諾する。

2　商標の使用にあたって，乙は次の各号の事由を遵守しなければならない。

　（1）　甲の指示に従い，かつ甲が別途作成・交付する商標使用規程に従うこと

　（2）　本フランチャイズ・チェーンに属する店舗における事業にのみ商標を使用
　　　し，それ以外の事業のために使用しないこと

3　乙は，甲の事前の書面による承諾なく，商標と同一若しくは類似する商号，
　　商標又はサービスマーク等をいかなる国家又は地域においても，自己のものと
　　して登記又は登録してはならない。

第3条（エリア・フランチャイズフィー）

1　乙は，甲に対し，本契約締結時に，本契約地域におけるエリア・フランチャ
　　イズ権の付与及びエリア・フランチャイズ・システムの開示の対価たるエリ
　　ア・フランチャイズフィーとして金○○○○円（税別）を支払うものとする。

2　エリア・フランチャイズフィーにかかる消費税及び支払に関する手数料は乙
　　が負担するものとする。

3　乙は，本契約の締結により，乙が甲から営業秘密の開示を受けること，乙の出店数の多寡にかかわらず甲が本契約地域における本フランチャイズ・チェーンの営業の機会を失うことを認識したうえで，エリア・フランチャイズフィーにはそれらを補てんする意味も含むことを理解し，一度支払われたエリア・フランチャイズフィーは，本契約地域内での店舗数の多寡にかかわらず，一切乙に返還されないことを認める。

第4条（加盟金の分配）

1　本契約地域内で乙が新たに開拓した加盟希望者が乙との間でエリア内フランチャイズ契約を締結する場合，乙は，当該エリア内フランチャイズ契約締結日から○日以内に，甲に対して，乙のAFC事業に関わる利益分配としてエリア内加盟店が乙に対して支払う加盟金のうち金○○○○円（税別）及びそれにかかる消費税を支払うものとする。分配金の支払に関する手数料は乙が負担するものとする。

2　加盟希望者の乙に対する加盟金の支払が遅延していたとしても，乙は，甲に対して前項所定の分配金の支払義務を免れない。

3　甲に対して支払われた分配金は，理由の如何を問わずに乙に返還されない。

第5条（ロイヤルティの支払）

1　乙は，甲に対し，甲のオリジナルによる商品等の開発，本フランチャイズ・システム，本AFC事業及び商標その他営業上の象徴の使用並びに継続的な経営指導の対価として，毎月1日から末日までの間のエリア内加盟店の全店舗における月間総売上高（本AFC直営店およびエリア内加盟店の全店舗における値引き後課税前の売上高）の○％に相当する金員（以下「AFCロイヤルティ」という。）を支払うものとする。

2　乙は，毎月末日（但し，当月末日が銀行営業日でない場合は直前の銀行営業日）に前月分のAFCロイヤルティ及びそれにかかる消費税を，甲に対して支払うものとする。支払に関する手数料は乙が負担するものとする。

3　甲に対して支払われたAFCロイヤルティは，理由の如何を問わず一切乙に返還されないことを乙は了承するものとする。

第6条（テリトリー権）

1　甲は，本契約の有効期間中，本契約地域において，乙の事前の書面による承諾がない限り，乙以外の第三者に対して，本フランチャイズ・チェーンに属する店舗を開設すること及びAFC事業を行うことを許諾しないものとする。

2　第三者が甲に対して本フランチャイズ・チェーンへの加入を申し込み，かつ本契約地域内での出店を希望したときは，甲は，当該第三者を乙に紹介するものとする。但し，当該第三者を開拓又は紹介するために要した費用は乙が負担する。

第7条（本AFC直営店の出店及びエリア内加盟店の開拓）

1　乙は，マニュアルその他甲が定める文書に従って，自己の判断と責任により本契約地域において本AFC直営店を出店し，加盟店希望者を開拓・勧誘し，エリア内FC契約を締結するものとする。

2　最低開店予定表〔省略〕に定められた各期間の「最低開店予定店舗数」とは，当該期間の最低出店数を意味するものとする。最低出店数とは，本AFC直営店及びエリア内加盟店の総数を意味するものとし，乙は最低開店予定表に従い，各期間の最低開店予定店舗数以上の店舗を各期間の最終日までに自ら開店又はエリア内加盟店をして開店させなければならない。

3　最低開店予定表記載の各期間の最終日までに本AFC直営店及びエリア内加盟店の総数が最低開店予定店舗数に達しなかった場合は，乙は前条第1項所定の独占的テリトリー権を失うものとする。

第8条（加盟店説明会の実施）

1　乙は，自己の費用と責任により，エリア内加盟店を開拓するために本契約地域において加盟説明会を実施するものとする。

2　加盟説明会開催の日時，場所，回数，内容，条件その他必要な事項は，乙の判断と責任で定めるものとする。但し，甲の指示に反するものは無効とする。

3　乙は，甲に対して，年間○回を上限として，加盟店説明会への甲の担当者の派遣を要請することができる。甲の担当者が当該加盟店説明会に参加するために要する人件費，交通費，宿泊費等の実費は乙が負担するものとする。

第9条（エリア内フランチャイズ契約の締結）

　乙は，本契約地域において，自己の判断と責任により，加盟希望者との間でエ

リア内フランチャイズ契約を締結することができる。但し，当該加盟希望者が本フランチャイズ・チェーンの統一性と水準に害を及ぼす可能性があるときは，甲は乙に対して，当該加盟希望者との間のエリア内フランチャイズ契約の締結の中止を命じることができるとともに，一度締結されたエリア内フランチャイズ契約の解約を命じることができるものとする。

第10条（経営指導，研修，店舗経営）

1　乙は，エリア内加盟店に対して，甲が別途定める各種マニュアル，業務規定等に従い，次の指導及び開店前後の研修を行う。

(1)　店舗建設・内装及び改装に関する指導

(2)　店舗の販売用商品及び営業用消耗品の仕入先の推薦

(3)　商品構成・配置・陳列・管理・発注等に関する指導

(4)　教育研修・販売促進活動・会計業務に関する指導

(5)　その他店舗の営業に関し必要となる業務

2　前項の指導，開店前後の研修は乙の費用と責任で実施されるものとする。

3　乙は，エリア内加盟店に対して，第1項の指導に従った店舗運営を行わせなければならない。

4　乙は，エリア内加盟店に対して，第1項の指導のほか，関連法規，通達に従い店舗を運営し，甲のフランチャイズ全体の信用の毀損をするような行為をしないように指導しなければならない。

第11条（エリア内フランチャイズ契約書等）

1　乙は，本契約地域における加盟希望者との間でエリア内フランチャイズ契約を締結する際には，甲が指定するエリア内フランチャイズ契約書を3通作成し，そのうち2通を正本とし，乙とエリア内加盟店が各1通を所持する。乙は，残る1通を副本として，作成後直ちに甲に提出するものとする。

2　乙は，甲が指定するエリア内フランチャイズ契約と異なる内容の契約，特約，合意等を締結してはならない。

3　乙は，エリア内フランチャイズ契約を締結する際には，エリア内フランチャイズ契約書を3通作成し，そのうち2通を正本とし，乙とエリア内加盟店が各1通を所持する。乙は，残る1通を副本として，作成後直ちに甲に提出するものとする。

第12条（マニュアルの貸与）

1　乙はエリア内加盟店に対して，本フランチャイズ・チェーン事業の運営方法・ノウハウ等記載した各種マニュアル（以下「本FCマニュアル」という。）を貸与するものとする。乙がエリア内加盟店に貸与するマニュアルその他の文書は，甲が乙に貸与する本FCマニュアルその他の文書に限られるものとする。

2　乙は，エリア内加盟店に貸与するために，甲から貸与を受けた本FCマニュアルを複製することができる。但し，乙は複製したマニュアルに通し番号を付して厳格に管理するものとし，エリア内フランチャイズ契約が終了した際には，エリア内加盟店から必ず回収したうえで，甲の指示に従い処分するものとする。

第13条（広告宣伝）

1　甲が，販売促進のため，マスメディアその他の方法により広告宣伝を行う場合，乙はこれに参加しなければならない。

2　乙が自ら企画を立てて広告宣伝活動を行う場合は，あらかじめ甲の書面による承諾を得なければならない。この場合の広告宣伝費は乙の負担とする。

第14条（競業避止）

1　乙は，本契約存続期間中，本フランチャイズ・チェーンに属する店舗を除き，本フランチャイズ・チェーンと同種又は類似の事業を行ってはならない。また，本フランチャイズ・チェーンと同種又は類似のフランチャイズ事業に参加してはならない。

2　前項の義務は，本契約終了後も〇年間有効とする。

第15条（エリア内加盟店の競業避止）

1　乙は，エリア内加盟店に対し，エリア内加盟店の競業避止義務（契約終了後の競業避止義務を含む。）に関するエリア内フランチャイズ契約の各規定を遵守するよう指導・監督するものとする。乙は，甲の事前の書面による承諾がない限り，エリア内加盟店の競業避止義務を免除することはできない。

2　エリア内加盟店がエリア内フランチャイズ契約に反して競業行為を行った場合には，乙は，速やかにその旨を甲に通知するものとする。

3　違反行為を行ったエリア内加盟店に対する警告，解約，訴訟提起その他の対策は甲乙間協議のうえで定めるものとし，当該対策にかかる費用（訴訟提起に

かかる費用も含む。）は乙の負担とする。

第16条 （機密保持）

1　乙は，本契約期間中及びその終了後においても，本契約に基づき甲から開示された情報を厳に秘密として保持し，第三者に開示してはならない。

2　乙は本契約の目的を達成するために必要な乙の役員，従業員に対し前項に定める情報を開示することができる。この場合，乙は当該役員，従業員に対しても乙と同様の義務を負わせるものとし，当該役員，従業員に対しても乙と同様の義務を負わせるものとし，当該役員，従業員からの情報漏洩に関するすべての責任を負う。

3　本契約が理由の如何を問わず終了又は解除された場合，乙は，甲から開示された一切の情報を甲に返還し，以後一切保有しない。

4　本条に定める義務は次の場合には適用しない。

⑴　公知の事実又は当事者の責めに帰すべき事由によらずして公知となった事実

⑵　第三者から適法に取得した事実

⑶　開示の時点で保有していた事実

⑷　法令，政府機関，裁判所の命令により開示が義務づけられた事実

第17条 （個人情報の取扱い）

1　乙は甲から本契約に基づき提供された顧客情報（以下「個人情報」という。）については，甲の指示に従い取り扱うものとし，甲の指示を超えて利用，内容変更，消去，第三者への開示を行ってはならない。

2　本契約の業務遂行に際し乙が自ら個人情報を取得する場合には，個人情報の保護に関する法律に従い，その利用目的を通知又は公表し，その利用目的の範囲内で個人情報を使用しなければならない。また，法令に定めのある場合を除き，本人の同意なくその個人情報を第三者に開示してはならない。

3　乙は甲から本契約に基づき提供された個人情報及び自己が保有する個人情報について適切に管理し，漏洩防止のため必要な措置をとらなければならない。甲から個人情報管理に関し指示があった場合は，これに従わなくてはならない。

第18条 （有効期間）

1　本契約の有効期間は，本契約締結日より○年とする。

2　前項に定めた契約期間満了の３カ月前までに，書面により本契約を更新しない旨の意思表示が甲乙いずれからもされなかった場合には，本契約は自動的に○年更新されるものとし，以後も同様とする。

3　更新にあたって，諸物価の上昇，租税の増額，諸経費の上昇，本チェーンシステムの変更等その他の事情の変更にともないその必要があるときは，甲は本契約内容の変更を求めることができる。

4　前項により契約内容に変更が生じたときは，甲は乙に対し新たな契約内容を提示し，本契約満了の２カ月前までに当該新契約を締結することができる。

第19条（期限の利益喪失・解約解除）

1　甲又は乙が次の各号の一に該当した場合，何らの催告を要することなく相手方に対する債務は当然に期限の利益を失い，当該当事者は相手方に対し支払わなければならず，また，相手方は催告なくして本契約の全部又は一部を解除することができる。

(1)　本契約の一に違反した場合

(2)　支払停止，支払不能に陥った場合

(3)　自ら振り出し又は裏書した手形，小切手の不渡りを１回でも出した場合

(4)　電子記録債権について支払不能が発生した場合

(5)　差押え，仮差押え，仮処分，競売の申立て，公租公課の滞納処分その他公権力の処分を受けた場合

(6)　破産手続開始，民事再生手続開始，社会更生手続開始，特別清算開始の申立てを受け，又はなした場合若しくは特定調停の申立てをなした場合

(7)　解散，事業の全部又は重要な部分の譲渡決議をした場合

(8)　事業を廃止した場合

(9)　監督官庁より営業停止命令を受け，又は営業に必要な許認可の取消処分を受けた場合

(10)　株主構成，役員の変動等により会社の実質的支払関係が変化し従前の会社との同一性が失われた場合

(11)　その他各号に準じる事由が生じ，乙の信用状態が悪化したと甲が認めた場合

2　前項の場合において甲に損害が生じた場合には，乙はこれを賠償しなければ
ならない。

第20条（契約終了の効果）

本契約が理由の如何を問わず終了又は解除された場合，乙は次の事項を遵守し
なければならない。
⑴　本件店舗を閉鎖し，以後甲のフランチャイジーとみなされる一切の行為を
　行わない
⑵　甲から使用許諾を受けた商号の使用を直ちに中止し，それらが記載された
　看板，内装用品，販促ツールその他一切のものを甲の指示に従い，甲に返還
　するか，自己の費用で破棄する
⑶　甲から供与されたマニュアル，業務規定その他一切の情報を示した書面，
　フロッピーディスク，CD-ROM，MOその他一切の記録媒体を甲の指示に従
　い甲に返還するか，自己の負担で廃棄する。乙のコンピューター等に記録さ
　れたものについては全て削除し，以後一切の情報を保有しない

第21条（契約終了後のエリア内フランチャイズ契約）

1　本契約終了後，本契約地域内のエリア内加盟店に対して乙が有する地域本部
たる地位は，乙から甲又は甲の指定する第三者に継承されるものとし，乙はエ
リア内加盟店に対してその旨を通知するものとする。
2　前項で定める地位継承までに，乙は各エリア内加盟店に対する自己の債務を
清算するものとする。
3　エリア内加盟店が第1項所定の契約関係の移転に応諾しなかった場合には，
乙は，当該エリア内加盟店をして本フランチャイズ・チェーンの看板等を撤去
させなければならない。

第22条（損害賠償）

乙が本契約に違反して甲に損害を与えた場合，乙は甲に対しその損害を賠償し
なければならない。

第23条（遅延損害金）

乙が本契約上の債務の履行を怠った場合，年○○％の遅延損害金を支払うもの
とする。

第24条 (譲渡禁止)

乙は本契約上の地位若しくは本契約から生じる権利義務の全部又は一部を甲の事前の書面による承諾なくして第三者に譲渡してはならない。

第25条 (不可抗力)

1 地震，台風，津波その他の天変地変，戦争，暴動，内乱，法規の改正，政府行為その他の不可抗力により当事者が本契約若しくは個別契約の全部又は一部を履行できない場合であってもその責任を負わない。

2 前項に定める事由が生じた場合には，不可抗力事由が発生した当事者は相手方に対しその旨の通知をする。この通知発送後6カ月を通過しても前項の不可抗力事由が解消されず，本契約の目的を達成することができない場合には，不可抗力事由が発生した当事者は催告なくして本契約若しくは個別契約の全部又は一部を解除することができる。

第26条 (合意管轄)

本契約から生じる一切の紛争については，○○地方裁判所を専属的合意管轄裁判所とする。

本契約の成立を証するため本書2通を作成し，各自記名押印のうえ，各1通を保有する。

令和○年○○月○○日

甲　東京都千代田区○○1－1－1

A株式会社　○　○　○　○　印

乙　東京都千代田区○○3－3－3

B株式会社　○　○　○　○　印

索　引

〈編著者略歴〉

長谷川　俊明（はせがわ　としあき）

1973年早稲田大学法学部卒業。1977年弁護士登録。1978年米国ワシントン大学法学修士課程修了（比較法学）。元国土交通省航空局総合評価委員会委員，元司法試験考査委員（商法）。現在，企業法務とともに国際金融取引や国際訴訟を扱う傍ら，複数の上場・大会社の社外取締役，監査役を務めた。長谷川俊明法律事務所代表。

主な著書：『訴訟社会アメリカ』『競争社会アメリカ』『日米法務摩擦』（以上，中央公論新社），『日米パテントウォー』（弘文堂），『海外進出の法律実務』『国際ビジネス判例の見方と活用』『海外子会社のリスク管理と監査実務（第2版）』『アクティビスト対応の株主総会準備』『新しい取締役会の運営と経営判断原則（第2版）』『海外子会社のリスク管理と監査実務（第2版）』『業務委託契約の基本と書式（第2版）』『ライセンス契約の基本と書式』『データ取引契約の基本と書式』（以上，中央経済社），『株主代表訴訟対応マニュアル100カ条』『訴訟社会』（訳書）（以上，保険毎日新聞社），『ビジネス法律英語入門』『リスクマネジメントの法律知識』（以上，日経文庫），『実践　個人情報保護対策Q&A』，『アフターコロナの「法的社会」日本』（経済法令研究会），『個人情報保護法と企業の安全管理態勢』（金融財政事情研究会），『ローダス21最新法律英語辞典』（東京堂出版）ほか。

〈著者略歴〉

前田　智弥（まえだ　ともひろ）

2012年慶應義塾大学総合政策学部卒業。2015年慶應義塾大学法科大学院修了（法務博士）。2019年1月弁護士登録。同年2月長谷川俊明法律事務所入所。2021年7月〜慶應義塾大学通信教育部科目担当員（行政法）。

主な著作：「契約書の見直しが必須　業務委託契約の進化と対応」（『ビジネス法務』2022年11月号，共同執筆，中央経済社），『業務委託契約の基本と書式〈第2版〉』（共著，中央経済社），「テレワークの導入と法的留意点」（『銀行法務21』859号，共同執筆，経済法令研究会），『社会人なら知っておきたいコンプライアンスの落とし穴』（共同監修，経済法令研究会）ほか。

サプライチェーン契約の基本と書式

2023年4月5日　第1版第1刷発行

編著者　長　谷　川　俊　明

発行者　山　本　　　継

発行所　㈱中　央　経　済　社

発売元　㈱中央経済グループ
　　　　パ ブ リ ッ シ ン グ

〒101-0051　東京都千代田区神田神保町1-31-2
電話　03 (3293) 3371 (編集代表)
　　　03 (3293) 3381 (営業代表)
https://www.chuokeizai.co.jp

印刷/三 英 印 刷 ㈱
製本/㈲ 井 上 製 本 所

＊頁の「欠落」や「順序違い」などがありましたらお取り替えいた
しますので発売元までご送付ください。(送料小社負担)
ISBN978-4-502-44991-8　C3032

「Q&Aでわかる業種別法務」シリーズ

―――― 日本組織内弁護士協会〔監修〕 ――――

　インハウスローヤーを中心とした執筆者が，各業種のビジネスに沿った法務のポイントや法規制等について解説するシリーズです。自己研鑽，部署のトレーニング等にぜひお役立てください。

Point

- 実際の法務の現場で問題となるシチュエーションを中心にQ&Aを設定。
- 執筆者が自身の経験等をふまえ，「実務に役立つ」視点を提供。
- 参考文献や関連ウェブサイトを随所で紹介。本書を足がかりに，さらに各分野の理解を深めることができます。

〔シリーズラインナップ〕

銀行	……………………………	好評発売中
不動産	…………………………	好評発売中
自治体	…………………………	好評発売中
医薬品・医療機器	………………	好評発売中
証券・資産運用	…………………	好評発売中
製造	………………………………	好評発売中
学校	………………………………	好評発売中
キャッシュレス決済	…………………	好評発売中
物流・倉庫・デリバリー	……………	好評発売中

中央経済社